JN069297

人生「リセット」から「スタート」した

「好き」を仕事にする生き方

すべてはここから！

キッチンがわたしの仕事場

オートで引いたり寄ったりも自在。

アイディアを練り、
料理をつくり、
原稿を書き
撮影、配信も行う

→詳細はP70参照

スイッチひとつでカメラを切り替え編集しながら配信。

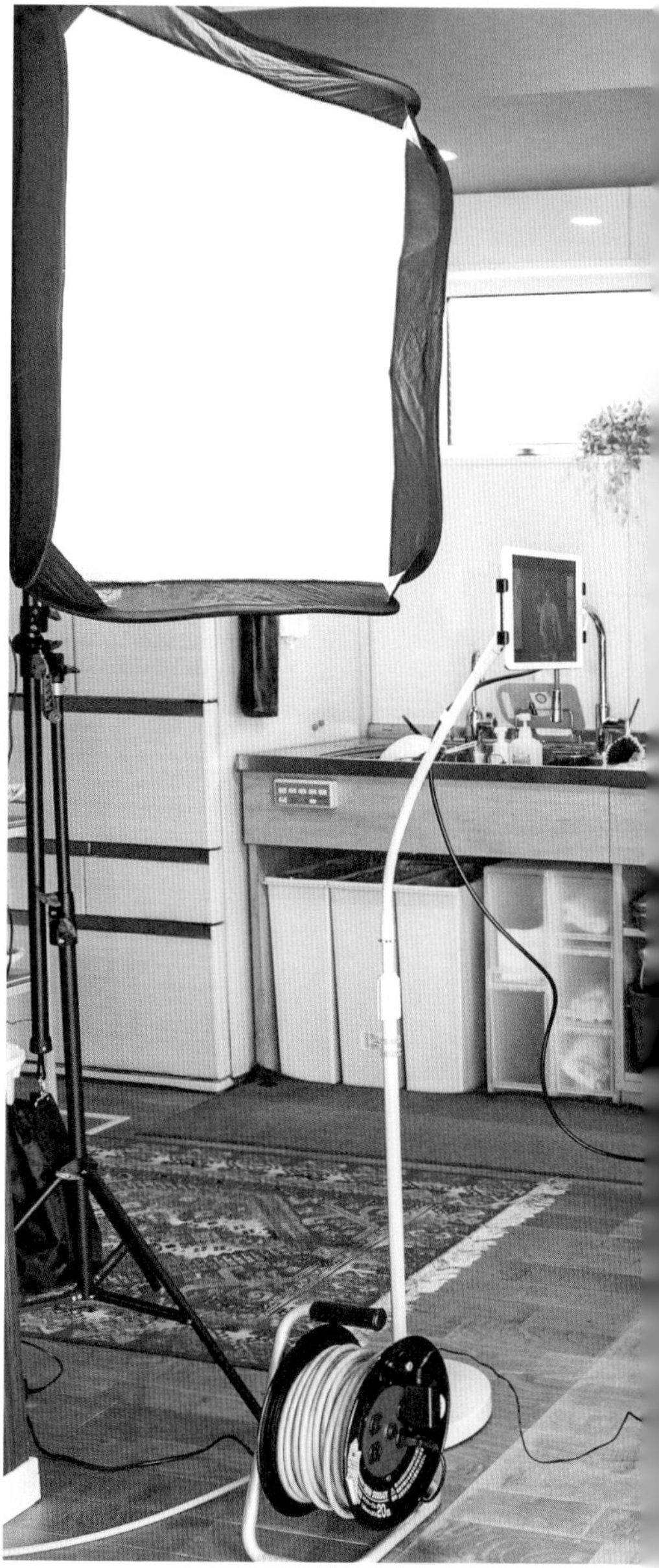

出し入れラククラク！
こだわりの収納スペース

→詳細はP49参照

棚には扉はあえてつけず、すっきりと見せる収納に。ゴミ箱も収まるように設計。

使いやすさ、居心地のよさを考え イチからつくり上げた快適空間

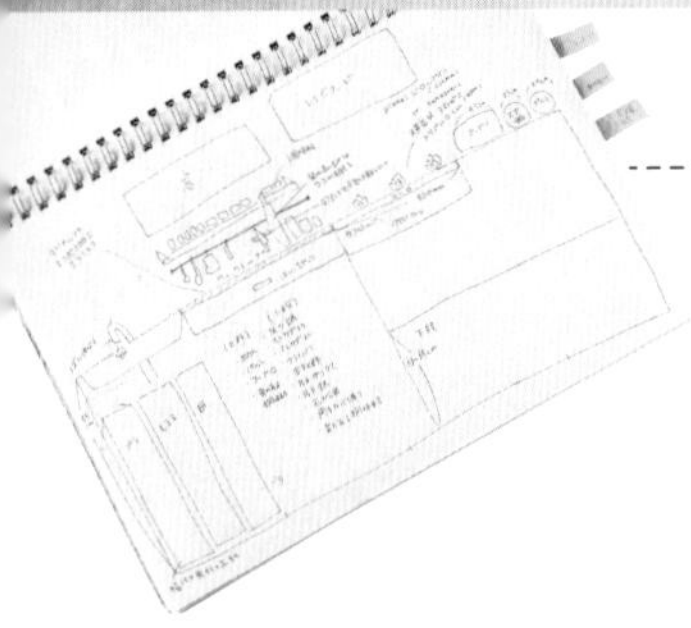

わたしだけの初めてのキッチン。まず、イメージスケッチを描いてこだわり部分を具体化。

作りおきはあまりせず
冷蔵庫の中は
すっきり整理

キッチン横には
食器や複合機を
置いたパントリー

試行錯誤しながら見つけた わたしの ワークスタイル＆ 愛用ツール

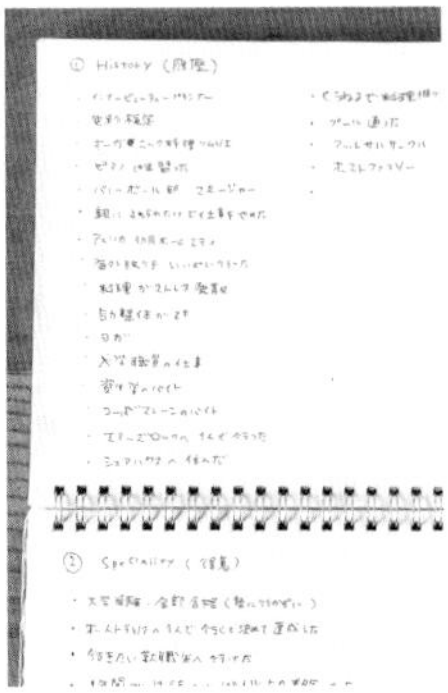

手書きをすることで頭の中を整理。レシピや仕事のアイディアもここから生まれる

→詳細はP72参照

今までの自分を振り返り、自分の本当にやりたいことに向き合う。

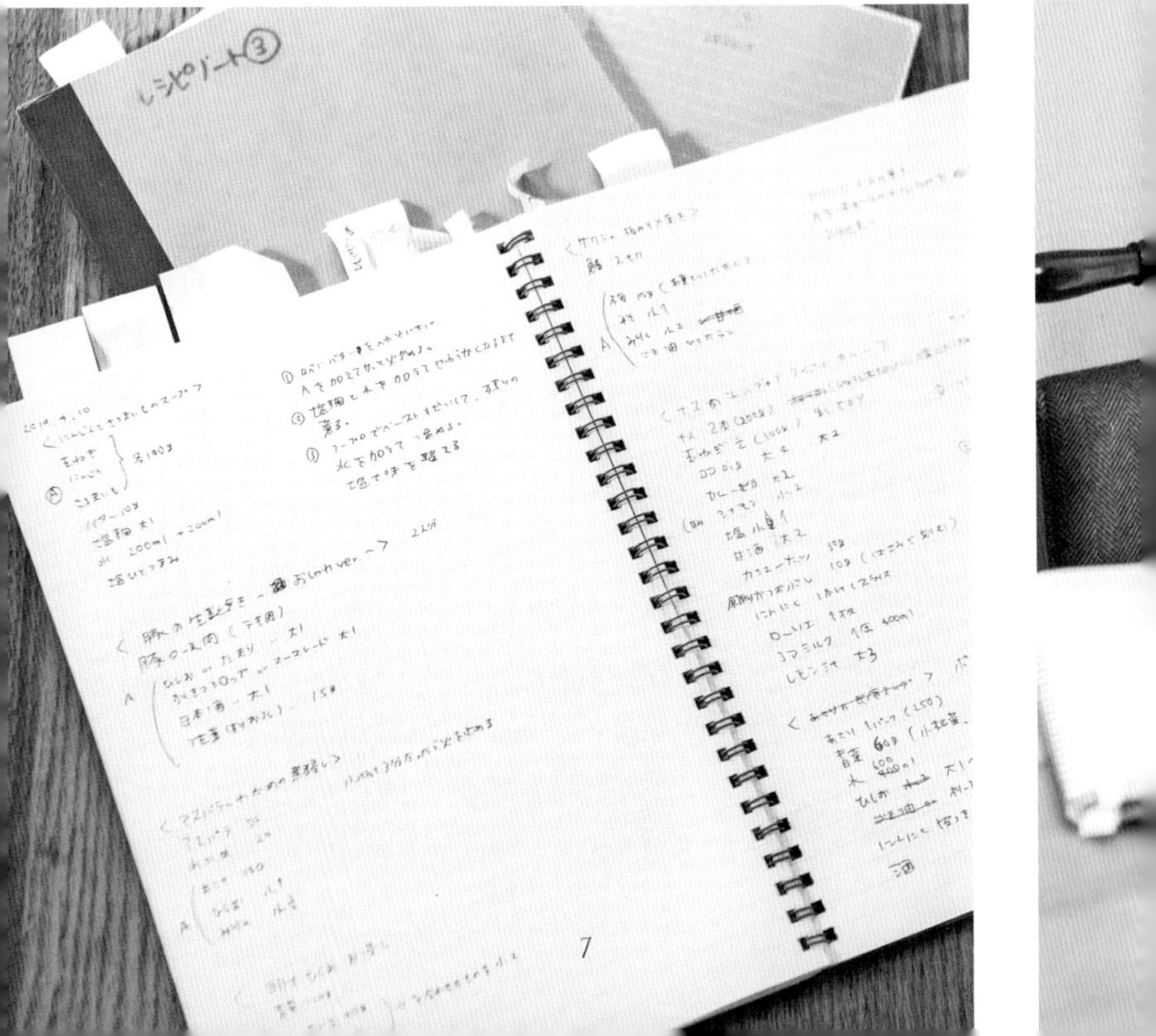

スマホ、PCがあれば、どこでも仕事ができる。

動画もテキスト用の画像もこのカメラ一台におまかせ。

伝えるために欠かせない デジタルツール

起業をするときに 背中を押してくれたり 役立った本たち

→詳細はP32参照

定番のおやつはそうめん。卵もつけてたんぱく質を補給

↓詳細はP86参照

教室を始めた頃のテキストは全部手づくり

現在のテキスト＆パンフレット（写真下）。

これがなきゃ！ わたしの料理に欠かせない愛用品

おいしさと安心を兼ね備えた調味料

無添加の素材とシンプルな製法のものを選んでいます。❶広島産の大豆と小麦、香川産の海水塩を使用。『濃口醤油（本仕込み熟成2年醤油）』（岡本醤油醸造場）❷明治26年の創業時からの古い製法を守り続ける『純米富士酢』（飯尾醸造）。❸原料は国産の「もち米」「米麹」「米焼酎」の３つのみ。『福来純「伝統製法」熟成本みりん』（白扇酒造）❹愛知産の原料を厳選。『古式三河仕込 愛桜 純米本みりん（三年熟成）』（みりん屋：杉浦味淋）❺太陽の熱と陶器板の遠赤外線だけで海水を濃縮し結晶化。『天日結晶塩 福塩』（まるみ麹本店）

毎日の食事づくりを支える調理道具

❻新築祝いにいただいたごはん用の土鍋。コロンとした姿がかわいくて、大切に使っています。❼持ち手がフィットしてよそいやすい木製のしゃもじ。ガラスはもともと漬物用の容器。❽これも友人からの贈り物のまな板。スムージーのフルーツをカットするときに使っています。❾『GLOBAL』のペティーナイフ。使いやすくほとんどこれ1本で切っています。❿幅が狭く、取り扱いやすいところが気に入っている木ベラ。⓫実家から持ってきたおたま。小ぶりで使いやすい。

転機になった
ロンドンでのジッパーバッグみそづくり

材料（ジッパーバッグLサイズ1枚分＜約1.6kg＞）

乾燥大豆 … 2合（約300g）

・よく洗い、3倍の水に約16時間浸しておく。

米麹 … 5合（約660g）

塩（精製塩ではなく自然塩）… 130g

大豆の煮汁 … 約100mℓ

約2週間で完成!

作り方

1　水に浸した大豆を、ふたはせずに強めの中火に約15分かける。アクを取り、沸騰したら大豆が踊らない程度に火を弱め約1時間ゆでる。

2　ボウルに米麹と塩を加えてよく混ぜる。

3　1の大豆が指で潰せるやわらかさになったら火を止め、大豆と煮汁にわけて粗熱をとる。

4　3の大豆をフードプロセッサーでペースト状にする。

5　2のボウルに4を加えよく混ぜ、3の大豆の煮汁を加えながら、耳たぶくらいのやわらかさにする（写真a）。

6　口がしっかり閉じられるジッパーバッグにすき間なく入れ、平にならして（写真b）、空気を抜き、口を閉じる。涼しい場所で常温保存する。

7　約2週間後、塩気の角が取れてきたら食べごろ。後は好みで熟成期間を調整する。

POINT

a

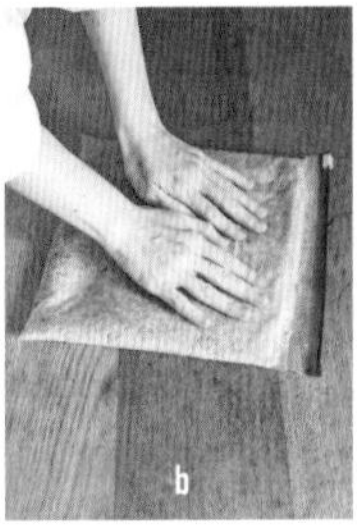

b

→詳細はP97参照

いつもの料理が変わる！
バリエーションが広がるみそ活用レシピ

みそのコクが隠し味
ドライカレー

材料（2人分）
豚ひき肉 … 150g
玉ねぎ … ½個（約100g）
ミニトマト … 3個（約30g）
しょうが … ½かけ
にんにく … 1かけ
コリアンダーシード（あれば） … 小さじ½
青しそ … 2枚
カレー粉 … 大さじ1
塩 … 小さじ½
油 … 大さじ½
温かいごはん … 茶碗2杯分（約300g）
A しょうゆ麹 … 大さじ1½
A みそ … 大さじ1
A はちみつ … 小さじ1

作り方
1　フライパンに油を引き、それぞれみじん切りにしたしょうがとにんにく、コリアンダーシードを中火で炒める。
2　1の香りが出てきたら、豚ひき肉を加え赤みがなくなってきたら、粗みじん切りにした玉ねぎとミニトマトを加え、玉ねぎがしんなりするまで炒める。
3　Aの材料をボウルで合わせてよく混ぜ、2に加え全体になじませたら、カレー粉と塩を入れる。
4　ごはんとともに器によそい、せん切りにした青しそをのせる。

野菜のうま味にみそが溶け合う

ミネストローネ

材料（2〜3人分）

玉ねぎ … ½個（約100g）
にんじん … ¼本（約35g）
じゃがいも … ½個（約50g）
にんにく … 1かけ
カットトマト缶 … ½缶（200mℓ）
水 … 200〜250mℓ
塩 … 小さじ½
みそ … 大さじ1
オリーブオイル … 大さじ½

作り方

1　玉ねぎ、にんじん、じゃがいもはそれぞれ1cm角に切り、にんにくはスライスする。
2　鍋に1とトマト、水、塩を入れ、ふたをして中火にかける。
3　野菜がしんなりしたら、みそを溶き入れ、オリーブオイルを加える。

みその粒感がおいしいアクセント

フレンチドレッシング

材料（作りやすい量）

にんじん … 3cm
セロリ … 5cm
しょうが … 1かけ
A
- みそ、レモン汁、油 … 各大さじ1
- ホワイトビネガーまたは米酢 … 小さじ1
- はちみつ … 小さじ½

B
- レタス、ミニトマト、ハム、ラディッシュ、豆腐 … 各適宜

作り方

1　にんじん、セロリ、しょうがはすりおろす。
2　Aの材料をボウルに入れて混ぜ、1を加えてあえる。
3　食べやすく切ったBを皿に盛りつけ、2をかける。

「料理が好き」。
あたりまえすぎた
この気持ちに
気がついたとき
人生が大きく
動き始めた。

「好き」を仕事にしてみませんか？

はじめに

この本を手に取ってくださった方へ。

発酵食の料理教室『ふんわり糀家』を主宰する、笠原なつみと申します。

起業したのは28歳のとき。結婚を機に香川県・高松市に移住し、最初は小さなワークショップから始め、自宅で料理教室を開くようになりました。

「水筒」で簡単につくる甘酒の体験レッスンをはじめ、発酵の基本から応用までを学べる講座を開催。起業から約8年の間に、のべ2000人以上の生徒さんが受講し、発酵食の魅力を心と体で感じていただいています。また、講師認定制度をつくり、インストラクター養成講座も開催。発酵の知識や料理を本業や副業にしたい人たちのサポートも行っています。

〝20代の女性がひとりで起業〟というと、強い意志のあるアグレッシブなイメージを持たれるかもしれませんが、もともとは、とっても〝堅実〟なタイプ。起業なんて頭の片隅にもなく、大学卒業後は、安定している大学職員の道を選び、定年までずっと勤めるつもりでした。そして、自分が何を好きかということも、わかっていませんでした。

そんなわたしが、なぜ起業したのか？

大きなきっかけとなったのは、25歳のときに『慢性骨髄性白血病』を発症したことです。そこで、あらためて自分の心と体、そして人生に向き合うことになりました。

幼い頃から健康に関心があり、とくに食べることへの興味が強く、料理もしていましたが、病気になったことで、もっと食事に気を遣うように。そして、なるべくナチュラルなものを食べたいと行き着いたのが発酵食でした。塩麹やしょうゆ麹、甘酒などの発酵調味料を使い、旬の野菜で料理をし、食べることで、体の調子だけでなく心の状態も安定。いろいろなことにチャレンジしたくなり「やらないで後悔はしたくない」と勉強を始め、少しずつ進んでいったのです。

「好き」を仕事にすることは、特別なことではありません。わたしにとっての「料理」のように、今まであたりまえにしていたことだったりします。この本では「大好きな料理を仕事にしたい」と思ったときからの試行錯誤の日々、そして失敗や後悔もすべてお伝えします。

「好き」を仕事にしたいと思っているけれど不安な方、もっと「好き」な仕事を拡大したいと考えている方、そして、かつてのわたしのように何が「好き」かをまだ見つけていない方が、一歩を踏み出す、そのきっかけのひとつに、この本がなればうれしく思います。

第2章

大好きな料理で起業した わたしのトライ&エラーの道のり

結婚を機に
高松へ移住し
始まった新しい仕事と人生

第3章

地方在住は不利？
実は地方だから
できることも多い

土地を知り、人を知ってこそ広がるビジネスチャンス

第4章
売り上げ目標達成！
順風満帆だけれど、
その先は？

ロンドンでのみそづくりで新しい世界が広がる

第5章 自分の心と体に向き合い先へと進んで行く

幸せの循環をつくるわたしの働き方未来図

定年まで働ける安定した職業を選び
28歳で結婚と考えていたけれど……

第1章

25歳のとき白血病を発症し
人生設計をリセット

ニキビが気になり「料理」を始めた中学生時代

現在、夫の出身地である香川県に住んでいますが、生まれ育ったのは埼玉県です。両親とひとつ下の妹の４人家族で暮らしてきました。

「料理」をするようになったのは中学生のとき。

両親が共働きだったこともあり、夕食は近くの祖母の家でとっていたのですが、簡単なものを自分でつくるようになりました。

ちなみに、祖母が出してくれていた食事は、みそ汁、ぬか漬け、きんぴら、納豆などの昔ながらの和食。自分の心と体に発酵調味料や発酵食品がフィットするのは、祖母がつくってくれた、これらの料理がルーツにあるからかもしれません。

この頃、ちょうど思春期で肌にニキビができたことも、「料理」をするようになったことに大きく関係しています。父親が吹き出物ができやすい体質だったため「家族と同じものを食べていると治らない！」と思い込んでしまい、油っこいものは食べない、砂糖は控えめ、野菜は多めなど自分で工夫するようになったのです。

ただ、凝った料理をつくるわけではなく、ある材料で適当にという感じで、レシピ本を見ることもなく、自己流にアレンジ。母の買い物について行って、なるべく肌に良さそうな食材を選んだり、高校生になって朝ごはんの残りをお弁当にして持っていったり、母の帰りが遅い日は妹とふたり分の夕食をつくったりも。でも「料理」が好きという意識はありませんでした。

大学卒業後、新卒で地元埼玉県にある私立大学の職員として就職しました。景気にあまり左右されず安定していて、長期の休みが取れ、女性が働きやすいと選んだ職場。配属されたのは「入学課」という部署で、入試やオープンキャンパスの運営、高校訪問や説明会などの仕事を担当していました。出張も多く、とくに入試時期は本当に忙しかったのですが、仕事にやりがいを感じ、毎日が充実。その頃は「28歳までに結婚して……」と漠然と考えていたのですが、大学職員の仕事は、そのまま定年まで続けると思っていました。

小さい頃から「夢」なんて語れる大きな希望は特になく、こんな大人になりたいと憧れもなく「普通がいちばん！」と思っていたわたし。

実家住まいということもあり、洋服や化粧品、海外旅行など、好きな物にお金を使える生活。仕事のストレスはそれなりにあったけれど、毎日に大きな不満はありませんでした。

25歳で突然下された『慢性骨髄性白血病』という診断

堅実に〝普通の王道〟を歩んでいたような日々を送っていた2012年。大学職員として勤めはじめ、ちょうど3年経った25歳のときでした。全身の酷い倦怠《けんたい》感に病院に行くと、診察した医師が血相を変え「あなたは白血病の可能性が高いです。すぐに大学病院に行ってください」と言ったのです。「え、わたしが？　嘘でしょ？」「わたし死ぬの？」そんな言葉が頭に浮かぶのですが、自分のこととは思えない状態。現実感のないまま、紹介状をもらい、その足で大学病院に向かいました。

さまざまな検査を行い、下されたのは『慢性骨髄性白血病』という診断。血液細胞のもとになる造血幹細胞ががん化する病気で、10万人にひとりが発症するといわれています。「普通がいちばん！」と思っていたわたしが、10万人にひとりの病気にかかってしまうなんて……。

ただ、その前の年くらいから予兆はあったのです。階段を上るだけで息切れしてしまったり、なかなか疲れが取れないと感じていました。大きな会場での大学進学説明会のとき、急に腹痛に襲われ、トイレに駆け込み動けなくなって、そのまま救急搬送ということもありました。

そのときは「過労」との診断で、まさか「白血病」とは夢にも思いませんでした。

『慢性骨髄性白血病』は、「慢性期」「移行期」「急性転化期」という3段階に分けられ、わたしの場合は幸いなことに、まだ初期段階の「慢性期」でした。医師からも「すぐに死んでしまうようなことはない」と説明を受け、やっと現実として捉えることができるようになりました。

そして、骨髄移植などの手術は必要なく、一日2錠、薬さえ飲めば日常生活をほぼ制限なく送れると伝えられ、心からほっとしたのを覚えています。

今まで通りのはずが心と体がついていかない日々

入院することもなく、仕事もできる！　そう信じ、診断が下る前と同じ生活が続くと思っていましたが、現実には心と体がついていけませんでした。初期の頃は薬の副作用の影響もあり、めまいのように、頭の中で地球がぐるぐるしている感覚になり、浮腫《むくみ》や全身の倦怠感に悩まされました。仕事中でも眠気に襲われ、帰ってくるとぐったり。家ではもう何もできません。

そして『慢性骨髄性白血病』とわかってから1年後、わたしの体を考慮して内勤中心の部署へ異動の辞令が通達されました。

おしゃべり好きで、人とコミュニケーションを取るのが好きで、じっとしていられないタイプ。人前で話すことが多く、繁忙期には週に4日も県内の高校に行き、いろいろな人に接する「入学課」の仕事は、まさに天職と思っていただけに、異動は少なからずショックな出来事でした。

新しい仕事はほぼデスクワーク。一日中パソコンに向かい、トイレとお昼休憩以外は椅子から立ち上がることはなく、しゃべる必要もありません。職場の人たちが、わたしのことを心配してくれている気持ちは、本当にありがたかったのですが、「わたしでなくてもできる仕事」や「この仕事をあと40年もやり続けるのか」との思いが、じわじわと心に影を落としていきました。

心が落ち込むと体にも影響します。全身を襲う倦怠感は更に増していき、極度の眠気も重なり、一日中朦朧《もうろう》とした状態に。根は真面目でしっかり者の長女気質ですから「ミスをしないように与えられた仕事をしなきゃ」と、頭では思うのですが、もう体がついていきません。

集中力がほとんどなく、午前中から強烈な眠気との闘い。1時間毎にトイレに行って、数分目を閉じ「どうか眠気が取れますように」と願うけれど、席に戻ればまた眠気がやってきます。お昼休みに仮眠をとってもそれでもダメ。そしてミスを連発……。そんなわたしを周囲は憐《あわ》れみや失望の目で見ていると思い込むまでに。

白血病になる前が10としたら、2ぐらいしか仕事のできない自分。ひとりでの仕事はまかされず、先輩の補助的な作業が中心になり、それさえも満足にできない。「なんでこんなにできないんだろう」と自己嫌悪に。「私なんかいらない。いても迷惑なだけ」と悲観的になり、どんどん自分を追い詰めていってしまったのです。

こんな状態で定年まで勤めてもそれって幸せ？

職場の大学は年功序列の世界。50代になれば1000万円クラスのお給料が約束されていました。でも「これしか仕事ができないのにお金だけもらっていいの？」「定年まで40年、このまま幸せ？」という思いが強くなっていきました。でも仕事を辞める決断はできません。

その理由のひとつには、毎日の薬代のことがありました。『慢性骨髄性白血病』の治療薬はとても高額で、定価だと100万円くらいかかります。それを国の高額療養費制度と職場の保険制度を利用することで、1か月2万円に抑えることができていたのです。

不甲斐ない自分を責めながらも辞められないという現実。ウツウツした日々が続いていきます。ただ「何か変えないと」という気持ちだけは強くなっていきました。

一冊の本にめぐりあい自分を変える決意を固める

そんなときに手に取ったのが、『ワクワクすることが人生にお金をつれてくる!』(フォレスト出版)という本。経営コンサルティングや投資家などを経て、「お金」や「幸せ」「ライフワーク」についての執筆活動を行う本田健さんが「大好きなことや才能をお金に換える技術」について書かれた一冊です。自分で買ったかさえも覚えていないのですが、部屋でページをめくっていると「行動を変えることが尊敬する人との出逢いにつながり、尊敬される自分になれる」という内容が書かれてあり、ハッとさせられました。

わたしの毎日は、同じ時間に家を出て、同じ道を通って、同じ電車に乗り、同じ職場へ。会う人も同じです。この繰り返しの先に未来はないと怖くなりました。

人生を変えるという3つの「間」。それは「空間」「仲間」「時間」のこと。この中で変えられるものは何だろうか?　と考えました。

薬代のこともあるので仕事は絶対に辞められません。職場という空間は変えられないけれど、住む場所という空間を変えることはできるのでは?　という考えがひらめきます。

その頃、ちょうどシェアハウスに興味を持っていて、よく紹介サイトを眺めていたのですが、このときから、現実目線で物件を探すようになったのです。

でも、なかなか見学に行くまでにはなりません。今まで実家を出たことがなく、わざわざ家賃を払ってまで別の場所に住む意味はあるの？　と自問自答。サイトを眺めるばかりの堂々めぐりの日々が続きました。

そんなある日、いつものようにサイトを見ていると「見学に行ってみよう」と思わせてくれる物件がヒット。やっと重い腰を上げ、東京・浅草にできたばかりのシェアハウスへと、出かけていったのです。

白血病発症から2年が経っていました。

ワクワクと迷いのシェアハウス見学

「1軒だけ見学してダメだったらあきらめよう」と出かけたシェアハウスの見学日。その日はわたしのほかに、もうひとり福岡から来た女性がいました。

彼女とふたり、共に各部屋や共有部分のリビング、キッチン、バスルームやトイレといった設備を見せてもらっていきます。オープニングでの募集だったこともあり、内装や家具は新品でぴかぴか。どの部屋にも大きめの窓があって光が入り、天井は高め。温かみがあり上品なフローリング。インテリアデザインを手掛ける会社が運営しているだけあって、すべてがとってもおしゃれですぐに魅了されました。

屋上に出ると芝生とウッドデッキのテラスがあり、夏はここから隅田川の花火大会を観ることができると教えてもらいました。観光地として名高い雷門のある浅草寺、東京スカイツリーを眺めることもできる、まさに「東京ど真ん中」の立地。浅草には地下鉄をはじめ、いくつかの鉄道が乗り入れていますが、駅まで徒歩5分で行けるアクセスの良さも魅力です。

説明を受けている間から、ここでの暮らしを想像し、ワクワクした気持ちでいっぱいに。社会人になってから、こんなにワクワクする感情を全身で味わったのは、このときが初めてだったように思います。

でも、はじめてのひとり暮らしですし、頭の中では決断できない理由がいくつも浮かびます。「ワクワク」と「どうしよう」の間で揺れ動いていると、一緒に見学していた女性が「わたし、この部屋に決めましたー！」とさらりと宣言。

「えっ？？」見学してたったの30分。その決断の早さにとても驚きました。

それも、わたしが「いいな」と迷っていた2部屋のうちのひとつです。家賃も10万円ほどでシェアハウスとしては安くありません。福岡から上京してきて、まだ東京の土地勘もないはずなのに、その迷いのなさに圧倒されると同時に、自分がとても小心者に思えてきます。

「このままじゃいけない、何かを変えなきゃ」と決意したはずなのに、決断できない理由を探している自分は、なんて怖がりなんだろうか。「ここでチャンスを逃すのかな」「でも、ここで逃したら次はもうないかもしれない……」。「わたしの人生を変えるチャンスは今、ここしかないんじゃないの？」　そんな心の声も聞こえてきます。

でも、結局決断できず、オーナーさんに「1週間だけ待ってほしい」と懇願。答えを先延ばしして、その日を終えました。

学長の卒業祝辞に背中を押されて踏み出した一歩

シェアハウスの見学から数日後、勤めている大学の卒業式がありました。わたしは卒業証書を渡す補佐をする、学長の介添え担当。舞台袖で控えていると、学長の卒業祝辞が聞こえてきました。

「どんな人にも得手不得手があって当然で、なんでもできる人などいないのです。
だから、何でもできるようになろうとしなくていい。
わたしは皆さんに自分の『キラキラ』を見つけてほしいのです。
社会に出たら大変なこともたくさんあるでしょう。
けれど、自分の『キラキラ』を見つけて輝かせることができたら、
皆さんはきっとすばらしい人生を歩むことができるはずです」

その言葉が胸に刺さり、目からは涙が流れていました。

内勤のデスクワークは自分にとって「不得手」な仕事。不得手なことだけど、できるようにならなくちゃと必死になって、自分を追い詰めている。

学長の言葉のように、できないことに必死になるよりも、わたしの『キラキラ』を見つけて輝かせよう。このとき、やっと腹を決めました。

あのシェアハウスに住んで、人生を変えよう！

決断してからは、もう迷いはなく、引っ越しまでは2週間ほどで行動。

当初、家族は病気のこともあり心配をしてシェアハウス暮らしには難色を示していました。「わざわざ家賃払うくらいなら、その分を貯金したほうがいいんじゃないの？」とも言われましたが、わたしの気持ちは変わりませんでした。

２０１４年4月。東京・浅草でのシェアハウス生活がスタート。

引っ越しをしたときは、ちょうど桜のシーズン真っ盛り。近くの隅田川沿いはたくさんの人であふれていました。その中をウキウキしながら歩き、「この街に住み生活をしていくんだ」と、まるで夢のように感じていました。

シェアハウス暮らしで知った「料理」が好きな自分

シェアハウスのメンバーは20～40代の15人。見学会で一緒になった福岡の女性もそのひとりです。彼女は歯科医師だったのですが、他には広告代理店や大使館勤務、テレビ関係者など、事務職だったわたしには、今までに会ったことのない職種の人ばかりでした。

それぞれ個性が強く、自分の世界を持っているけれど、きちんと常識や社会性も備えている人たち。ゴミ出しのルールはあったけれど、それ以外はあまり細かいルールはなく、他人との共同生活に身構えていたわたしもすんなりとなじんでいきました。

シェアハウスには、共有の広いアイランドキッチンがあり、いつしかこの場所にいることが多くなっていきました。近くにスーパーマーケットがいくつかあり、買い物をして自分の食べたい料理をつくって食べることがいちばんの楽しみに。食材も調味料も全部自分の好みで選べるのは、実家では味わえなかった喜びです。

料理をしている間だけは仕事のこと、ダメな自分のことを忘れ「無」の状態に。それは、一種の瞑想のようなものだったのかもしれません。

メンバーたちに料理をふるまえば「おいしい」「料理が上手だね」とほめてくれます。いろいろな話をし、いっしょに遊び、病気のこともわかってくれて調子が悪いときは助けてくれる。彼ら彼女らは、わたしを全肯定してくれる、もうひとつの家族のような存在に。

職場での自分を責め、息が詰まるような状況が続くなかで、シェアハウスは心の支えでした。残業はほとんどなかったのですが、一刻も早く仕事を終えて帰りたかった。

シンデレラの魔法みたいに、帰りの電車が浅草に着くと夢のような心地よい時間が始まるけれど、次の朝に起きて通勤電車に乗ると、魔法は解けてしまう。当時はそんな気分でした。

そして、ほめられることで気がついたのは、自分にとってはあたりまえすぎた「料理」が、自分が得意なことであり、「好き」なのではないかということ。

毎日、料理を2食と職場に持っていくお弁当をつくることはストレス発散であり、なんの苦も感じません。〝好きなものを好きなタイミングで食べられたら幸せ〟という、願望があるだけ。でも、メンバーたちはわたしの「料理」を、そして「料理」をすることをほめてくれます。

このときは、まだ「料理を仕事にしたい」という考えはありませんでしたが、「料理」が、わたしの『キラキラ』になる要素なんじゃないか？　と感じ始めていました。

岡山・倉敷の旅で待っていたのは運命の出逢い

白血病を発症後は、体に良いものを食べたいという思いが強くなり、玄米食やマクロビオティックに興味を持っていました。

「料理」はわたしの『キラキラ』かもしれないけれど、プロのような技があるわけではない、資格もなければ、栄養や調理を専門的に学んだわけでもない。そんな思いもあり、シェアハウスに住み始めた2014年の6月から発酵調味料や旬の野菜などを使い、腸からの健康と美を提唱する食の講座に通い始めました。

同じ年の11月。大学時代の友人と岡山・倉敷への旅行に出かけました。その電車の中で友人に「OLをしながら、料理教室を始めようかと思って」と、おぼろげな夢を軽い気持ちで打ち明けてみたのです。

ですが、友人から返ってきた言葉はまさかのダメ出し！

「OLをやりながらじゃ本気になんてなれないんじゃない？　料理教室がうまくいかなくても簡単にあきらめられる。そんなのでうまくいくわけないよね？」

友人は勤めている学校は違いますが、同じ大学職員。仕事のことや待遇の良さもわかっている上での愛の鞭《むち》でした。

せっかくの旅行なのに、わたしの心はざわざわ。

シェアハウスで「住む場所」を変えて「仕事」はこのままで人生を変えようとしていたわたし。「中途半端」と言われたことはショックでしたが、「その通りだよな」という気持ちもあり、頭の中は真っ白になっていました。

そうして着いたのが倉敷の美観地区にある築100年の古民家ゲストハウス。シェアハウスに住むようになり、ゲストハウスにも興味を持ち、以前から泊まってみたかった場所でした。

友人の言葉で落ち込んでいたわたしですが、そのゲストハウスで、ひとりの男性との運命の出逢いが待っていました。

その人は未来の夫。11歳年上なので、出逢ったときは恋愛対象というよりは相談相手でした。自分の気持ちに素直に、やりたいことをやって生きている起業家の先輩であり、その姿や言葉は刺激となりました。

友人の言葉、夫との出逢いを含め、この倉敷への旅が「好き」を仕事にするための一歩を踏み出す、大きなきっかけに。夢を「中途半端」で終わらせないために、通っている食の講座で講師の資格を取ることに決めたのです。

そして、出逢いから2か月後には相談相手から恋人になり、結婚前提での、東京・香川での遠距離恋愛がスタートしました。

白血病になっていなかったら、シェアハウスに住むことはなく、倉敷のゲストハウスに行くこともなく、夫には出逢っていません。ましてや自分の生き方を変えようとは思わなかったでしょう。病気になったからこそ気づいたことは多く、出逢った人はわたしの財産となりました。

結婚を機に高松へ移住し
始まった新しい仕事と人生

第2章

大好きな料理で起業した
わたしのトライ&エラーの道のり

新婚初日から徳島のゲストハウスで料理修業へ

倉敷の旅で夫となる男性に出逢い、10か月後には入籍。その間は本当にあっという間でした。遠距離なので頻繁には会えませんが月に一度は会い、夫の故郷であり、仕事や生活の拠点となっている香川県・高松市にも訪れました。

高松は、本州とは橋でつながり、海や空の便もあり、豊かな自然と都会の便利さが同居するコンパクトシティ。小さな島がぽこぽこと浮かぶ、瀬戸内海の風景にも惹かれていき、この土地で彼と暮らしていく決意も固まっていきました。

移住することには、シェアハウスの入居を決めたときのように家族から心配されましたが、わたしの気持ちを尊重してくれました。

結婚、移住の準備を進めるとともに、同時にいくつかの食や料理の講座に通う忙しい日々。発酵やオーガニックについて学び、資格を取ってスキルアップを目指しながら「自分の料理」について、また「料理をどう仕事にしていくのか」を具体的に考え始めていました。

２０１５年の7月には勤務先の大学を退職。

退職と移住の報告をすると、先輩や同僚たちからは、温かい声をたくさんいただきました。白血病発症の前と後では、仕事の内容も自分の気持ちも大きく変わってしまいましたが、例えば資料をまとめる、人前で話すなど、仕事で身につけたスキルは、現在もすごく役立っており、本当に感謝しています。

そして、8月には約1年半お世話になったシェアハウスともお別れ。ここで暮らすと決めなかったら動かなかったわたしの人生。その当時のメンバーは、わたしにとって第三の家族です。わたしが東京に行ったときにはよく集まり、彼ら彼女らは今も刺激を与えてくれる存在です。

入籍日はわたしの28歳の誕生日である２０１５年9月17日。わたしの人生の新しいスタートです。

でも、東京のシェアハウスを引き払い、わたしが向かったのは、高松ではなく、そのお隣の徳島県の大歩危《おおぼけ》・祖谷《いや》にある、古民家ゲストハウス『空音遊（くうねるあそぶ）』。大自然に囲まれ、自然菜食と田舎暮らしを体験できる、とても素敵な宿泊施設です。実は夫との出逢いの場になったゲストハウスで『空音遊』のことを聞き、「料理が好きなら行ってみるといいよ」と言われた場所でした。

結婚前にお邪魔し、オーナー夫妻の人柄や、絶品の菜食料理、そして雄大な風景にすっかり魅せられたわたしは料理修業の弟子入りを宣言。調理だけではなく、掃除、洗濯、受付などの宿の運営も手伝い、3か月住み込みで学ばせてもらうことになったのです。

新婚なのに、夫を放ってひとりで？

たぶん、みなさん、そう思いますよね？　でも、夫はわたしがやりたいことを応援してくれる人。今も仕事での出張や、旅に出ることが多く、離れ離れはさみしいときもあります。でも、次に会ったときに、成長した自分を見せたいという思いがあるので、がんばれるのです。そして離れているからこそ、お互いにやさしさや思いやる気持ちの大切さが身に沁みます。

山の中での生活は、自分の価値観が変わり、新しい発見もいろいろ。例えば、東京のようなおしゃれなスポットって、地方都市、ましてや山の中には全然ないと思っていました。でも、それは大きな間違い。偏見だったと気がつきました。

チェーン店のカフェや雑貨屋さんなどはありませんが、個人オーナーのおしゃれなお店がいくつもあるんです。どのお店も個性があり、その人を感じられる空間や品揃え。

だからこそ、多くのファンがいて県外からも訪れます。それは、わたしが高松を拠点に仕事を「できる」「広げていける」と感じられる要因のひとつとなりました。

病気の経験や料理修業で強く感じた〝発酵〟への思い

白血病の発症を機に、より食生活に気を遣うようになり、健康によいとされる青汁、黒にんにく、スーパーフードなど、本当にいろいろ試しました。

でも、長続きしないのです。

今、考えると情報に振り回されているだけだったと思います。そこから無理して続けるのではなく、意識しなくても毎日取り入れられるものは何だろうか？　と考え直しました。そして行き着いたのは祖母がつくってくれた食事。しょうゆやみそなどの発酵調味料と、豆腐や納豆などの発酵食品を使った、昔ながらの和食でした。

その気づきを経て、さまざまな講座や自然菜食を提供する『空音遊』での料理修業によって、〝発酵〟の持つすばらしい力と、自分がそれを食べることも、料理することも「好きだ」とあらためて気づかされたのです。

なりたい自分や幸せを考えたとき、そこに至るいちばんの近道は「食べる」こと。

わたしたちの体は無数の細胞から成り立っているといわれています。

「仕事で成功したい」「海外で暮らしたい」「きれいになりたい」「幸せな結婚をしたい」など、なりたい自分を想像する脳も、どこでも自由に歩いていく足や、何かをつくり出す手、美しさを印象づける肌や髪もひとつひとつの細胞の集まり。そして、その細胞は、わたしたちが日々口にする食べ物からできています。

普段、食べているものを思い返してみてください。

忙しさを理由に、ファストフードで済ませていませんか？

痩せたいからとサラダやフルーツばかり食べていませんか？

主食を食べず、甘いパンやお菓子でお腹を満たしていませんか？

その食事が今の自分をつくっています。

体の不調や肌荒れ、生理痛、イライラやストレス、自信のなさや他人への妬《ねた》みなどの心の問題も、食事の内容や摂り方と無関係ではありません。

発酵調味料や発酵食品には腸内環境を整える働きがあり、免疫をサポートし、アンチエイジングやデトックス効果が期待できます。そして食品の保存性を高め、素材のうま味を引き出す効果もあります。なにより食べて胃がもたれたり、疲れることが少なく、毎日食べても飽きることがありません。

なるべくナチュラルなものを食べたいと、塩麹やしょうゆ麹、甘酒などの発酵調味料を手づくりし、旬の野菜を取り入れることで、わたしの心と体は確実に変わりました。それは細胞レベルで浄化されているような感覚。体調が安定し病気は寛解へと向かい、幸せだと感じることが増えました。心と体が元気になることで、いろいろなチャレンジにつながり、人との出逢いを生みました。そういった経験をベースに〝発酵〟が、自分の料理の柱となり「発酵食に特化した教室をつくろう」という思いにつながりました。

自分の希望をいっぱい詰め込んだ夢のキッチンづくり

徳島の山の中にあるゲストハウス『空音遊』で、わたしが料理修業をしている間、高松では新居の建築が着々と進んでいました。ちょうど夫の実家を建て直すタイミングと重なり、わたしたちの新居も建てることになったのです。

「料理教室を開きたい」という思いは固まっていたので、1階の25畳ほどのスペースをキッチンとダイニングに。自分の身長や手の長さ、料理をするときの動線をもとに、シンクやコンロ台、調理台の高さや収納を考え、職人さんには自分でスケッチを描いて伝えました。

目ざしたのはシンプルだけれど温かみを感じことのできる空間です。

天井を高めにとり、無垢材の床に白とグレーの壁で落ち着いた雰囲気に。壁に沿ってコンロ台、シンク、冷蔵庫を並べ、動きやすい直線の動線をつくっています。

コンロ台やシンクの下は木製の棚になっていて、鍋やフライパンなどの調理器具を収納。すぐに出し入れできるように、あえて扉はつけない仕様に。縦長のゴミ箱3つもすっきりと収まるように設計しました。

キッチンの奥には3畳ほどのパントリー。食器やテーブルクロスなどの布類はここに収納しています。コピーやプリントアウトができる複合機もここにしまい、キッチン側の空間には、なるべく物を置かず、すっきりとさせています。

教室であり、料理の試作をする作業場ですが、夫婦のごはんを食べる場所でもあるので、居心地のよさはかなり重視しました。

たっぷり光が入る大きな窓をつくり、横長の木製ダイニングテーブルを配置。キッチンを手掛けた職人さんにつくっていただいたもので、やはり高さや長さなどにはこだわりました。木のぬくもりを感じられ、ゆったりとした時間を過ごすことができます。

もうひとつ、やはり木製の作業台があり、ここは配信のときやレシピや原稿書きなどのパソコン作業のときにも使用。午前〜お昼にかけて窓から入る光がとてもきれいなので、テキストやSNSに載せる料理は、その自然光だけで撮影しています。

築7年ほど経ちましたが、使い勝手のよさ、居心地のよさは変わりません。ほとんどの時間をここで過ごしています。

初めて手に入れたわたしのキッチン。まさにここはわたしの居場所。

職人さんに相談しながら、イチからつくり上げ、ひとつひとつ好きな道具や器を選び、揃えていったので愛着もひとしおです。

これから起業する方は、勉強し資格を取ったり、道具や設備を揃えるなど、さまざまな準備をしていくと思いますが、仕事をする場所についても考えておくといいと思います。

料理で起業する方なら、シェアキッチンや賃貸物件を探すという手もあります。自宅が狭い、家族の都合がある方におすすめですが、スペースを借りる資金を継続できるか、駅近の物件、駐車場があるなど、集客に適した場所かどうかなど、よく検討したほうがいいと思います。

環境づくりは大事なことのひとつ。自分が心地よく過ごせる場所で作業することは仕事の効率化にもつながります。そして、よいアイディアも生まれると思います。

わたしは、結婚、移住、新居の建設が重なったことで、早い時期から自分の居場所をつくり上げることができ、幸運だったと思っています。

初めての甘酒ワークショップで感じた手応え

ゲストハウスでの修業も終わりの見えてきた2015年の11月、高松での最初のワークショップを開きました。

その頃は、まだ高松には友だちも知り合いもほとんどいませんでした。ブログに申し込みフォームを設置し、告知をしましたが、誰も来てくれなかったら……と不安も。申し込みが入るとメールが届く設定をしていたので、10分おきくらいにメールの受信確認をしていました。

緊張感とワクワクした気持ちが入り交じるなか、初めて申し込みが入ったときは本当にうれしくて、とてもていねいに返信をしました。

会場は高松市の中心地にあるゲストハウスのラウンジスペース。高松市、さぬき市、東かがわ市、観音寺《かんおんじ》市から４名の方が参加してくださいました。

ワークショップのテーマは〝アンチエイジング〟。「食べてキレイになる」をキャッチフレーズに「甘酒」のおやつを紹介しました。発酵食品のなかでも、飲む美容液、飲む点滴とも呼ばれる「甘酒」は美容と健康にお役立ち。飲み物としてだけでなく、砂糖がわりの調味料としても使え、料理やお菓子づくりにも活躍します。

当日、紹介したのはヘルシーなアサイーボウルや、甘酒ブルーベリーソースをかけて食べるやさしい甘さの豆乳プリン、甘酒とトマトのノンアルコールのカクテル、甘酒しょうゆの大根餅の４品。どれも仕事帰りや小腹が空いたときに簡単につくれる甘酒活用レシピです。

参加者といっしょに料理をしながら、食べながらの合間に「甘酒」の効果や栄養、腸とアンチエイジングの関係についてなどの講義を入れて進行。19時に開始したのですが、とても盛り上がり、終わったのは22時を過ぎてしまったほどです。

参加された方からは「楽しく学ぶことができました」「飲むだけだった甘酒のレパートリーが

増えてうれしい」「甘酒でたくさんの料理がつくれ、どれもおいしくてびっくりしました」とうれしい感想をたくさんいただきました。

そのあと12月にも同じ甘酒のワークショップを2回開催。年が明けると、水筒を使って簡単にできる甘酒づくりや、他の発酵調味料を使ったごはんやおかずを紹介する内容へと発展させていきました。

本当に何もかも手探りのスタートでしたが、少人数ながら満席が続き「料理教室」への手応えを感じるようになっていきました。

起業するにはどのくらいお金が必要？

起業するにあたり、お金のことは気になりますよね。

わたしの場合は、大学職員時代のお給料がまぁまぁよかったことと、シェアハウスに引っ越すまでは、埼玉の実家暮らしだったので貯金が600万円ほどありました。

そのお金は、純粋な起業資金ではなく「結婚＆新生活プラス起業に使うお金」というアバウトな感じでした。

新居のキッチンの設備や道具、器などにお金を使いましたが、キッチンまわりや家具をお願いした職人さんは夫の知り合いだったり、古道具屋さんを回ったりで、かなり安く済みました。

起業するからには「絶対に同世代サラリーマンの平均年収を超えてやる！」という闘志だけがメラメラ。はっきり言ってお金のことはほとんど考えていませんでした。「最悪、夫がいてひとりじゃないから……」という甘えがちょっぴりあったことも告白しておきます。

夫は起業家の先輩でもあるので、わからないことはよく相談していました。

その頃は知らなかったのですが、起業家向けに、金融会社からの融資だけではなく、自治体からの補助金や給付制度、そして課税免除などがあります。今は新型コロナの流行によってリモートワークがあたりまえになり、独立する人や、ＵターンやＩターンで地方でも起業する人が増えており、いろいろなサポートも増えています。

起業したいと思ったら、まず、自分の住む自治体の支援制度を調べてみるのもいいと思います。お金のことだけではなく、セミナーや勉強会、交流会などを開き、サポートする教育支援などがあり、いろいろな相談ができます。

わたしも知っていれば絶対に利用したと思います。お金の心配がないだけで気持ちはラクになりますよね。

そして税金のことも知っていると全然違うと思います。

わたしは個人事業主が起業2年間は消費税が免税されることを知りませんでした。確定申告のやり方などは夫に助けてもらいましたが、料理の仕事は、レッスンのたびに材料費がかかり、たくさんのレシートや領収書を整理する作業が本当に大変でした。


2015年の末にゲストハウスのラウンジをお借りしてのワークショップから始まりましたが、2016年になると、他の場所でもワークショップを開催したり、コラボイベントのお話をいただくようになりました。

さらに仮住まいの自宅でのレッスンをスタートし、カルチャーセンターでの講座など、仕事が広がり参加者も増えていきました。

でも、早々に最初に設定した料金では利益が出ないという事実に直面。

「これはまずい」と、料金設定を見直し、講座の設計を考えるなどまさに試行錯誤が続きました。

いきあたりばったりではないですが、そのくらい、最初はお金のことは考えていませんでした。

自分のやる気だけで突っ走っていました。

発酵の基本から学べる料理教室『ふんわり糀家』

２０１６年春、わたしの料理教室『ふんわり糀家』が本格的にスタートしました。

【発酵で、心・からだ、ととのう暮らしをはじめよう】がコンセプト。

発酵の基本から学べる料理教室です。自分自身の心と体が発酵食中心の食事によって救われた経験をもとに、みそ、しょうゆ麹、塩麹、甘酒などの発酵調味料は10年、20年経っても変わらず、自分が愛せるものだと確信。発酵調味料を手づくりし、健康的な食生活を送るための食材の頭文字「ま（まめ）・ご（ごま）・わ（わかめ＝海藻）・や（やさい）・さ（さかな）・し（しいたけ＝きのこ）・い（いも）」と組み合わせた、【家族と私の健康のために、毎日食べたい作りたい発酵食】を提案しています。

他にも、「きび砂糖や甜菜糖など未精製の砂糖や無添加の調味料を使用」「旬の野菜を使う」「無農薬米を使用」などにこだわっています。

『ふんわり糀家』という屋号は、その当時『ふんわりｔｉｍｅｓ』というブログをやっていたことが由来です。見た目からか「なっちゃんは、ふんわりしているね～」と言われることも多く、その名前をつけ、税務署に開業届を出し個人事業主として出発しました。

最初は新居が完成するまでの仮住まいから。1レッスン2名の小さな教室でした。申し込みは、ワークショップのときと同じブログの申し込みフォームを利用。おかげさまでレッスンは好評で、クチコミで生徒さんが増えていきました。その夏には通ってくれる方が50人を超え、レッスンの回数も最初は月1、2回でしたが、月12回ほどをこなすようになっていました。

料理教室だからといって広々としたキッチンがないとできないわけではありません。まずは小さくでも、始めてみることが大事だと思います。お金をかけずに今あるもので、できることはたくさんあります。わたしもシェアハウスで友人と一緒に料理をつくることからスタート。仮住まいの小さいスペースでも、1回の参加人数を少なくすることでなんとかなりました。「準備が整ってから」と、完璧を目指したらいつまでたっても進むことはできません。

でも、1回5000円の単発レッスンではそこまでの利益にはならないのです。

レシピを考え、テキストをつくり印刷し、申し込みの受付をし、自転車でレッスン用の材料を買い出しに行き、後片付けをし、合間の時間でブログを更新……。全部ひとりです。

自分の体のことを考えると、これをずっと続けていくことは無理です。

起業するときの目標である「同世代のサラリーマンの平均年収を超える」には、到底手が届きません。お金のことに触れたページでも、少し書きましたが「このままじゃまずい」「変えなきゃ」と、ここで教室の運営について見直し、しっかり考えるようになりました。

単発レッスンから発酵を基礎から学べる連続講座へ

まず、見直したのはレッスンの内容です。発酵について興味を持ってくれる生徒さんは多いのに、単発のレッスンでは教えられることに限界があります。

きちんと発酵のことを知ってほしいし、食を通し自分や家族の健康に向き合ってほしい。生徒さんから「継続して通いたいです」という声をもらっていたこともあり、発酵食の基本をしっかり学べる連続講座をつくることにしたのです。

約半年かけて内容を構築し、２０１６年12月に『Ｂａｓｉｃ講座』を開始。３か月全５回（現在は全４回）で５万５千円という設定にしました。

レッスン時間にゆとりを持ち、ひとつひとつの内容を理解しながら進められるよう定員は４名と少人数に。

連続講座にすることで内容に厚みを持たせることができ「食事を正しく整える理由」「手づくりの発酵調味料がどうして体に良いのか」「菌や麹についての基礎知識」「腸内環境について」など、わたしが伝えたいことを盛り込みました。

そして「包丁の使い方」「野菜の切り方」「ごはんの研ぎ方・炊き方」「だしのとり方」など、調理の基本もレッスン。あたりまえのようなことも、自己流で料理下手になっている人は多く、あらためて基本を学び理解することで、料理を好きになる人が増えるように考えました。

実習では「塩麹」「しょうゆ麹」「甘酒」「みそ」などの発酵調味料を使ったレシピをベースに、1回のレッスンで4～5品の料理をつくります。

簡単だけれど応用の利くものばかり。「家族が喜ぶおうちごはん」として、何度もつくりたい、食べたい、そして、忙しい日や心と体が疲れてしんどいときでもサッとつくれる、そんなレシピを練り上げました。

発酵や健康に興味のある方たちが参加され、受講後は「食事を変えたら便秘とは無縁に。肌の調子もよくなり、毎日が幸せです」「発酵食を食べるようになってからワクワクすることが増えました」など、心と体の変化を実感できたという感想をたくさんいただきました。そのひとつひとつがとてもうれしく「この講座をつくってよかった」と心から思いました。

ひとりの限界を知り生まれた『インストラクター養成講座』

２０１７年は予想を超えて多くの方に教室のことが広まっていきました。予約開始から１分で満席になり、40人がキャンセル待ちという状態に。香川県だけではなく、関西、東海、関東など、全国各地から生徒さんが集まり、半数は県外の方でした。

この頃は各メディアで取材を受けることも増え、雑誌の『夢の料理教室Ｂｅｓｔ18』という企画に選ばれ、さらに認知度が高まりました。

そうなってくると、もう本当に自分ひとりでは限界。圧倒的にマンパワーが足りず、需要と供給があっていない状況に申し訳なさを感じていました。

また、レッスンを受けた生徒さんから「発酵食のすばらしさを誰かに伝えたい」という声が寄せられ、学ぶだけではなく、伝える人を育てる『インストラクター養成講座』の立ち上げにつながっていきました。

『インストラクター養成講座』は、約４か月で『ふんわり糀家』の認定講師として活躍するための「知識」「スキル」「マインド」を身につけることができる内容。

教えるのは発酵や料理の知識、技術だけではありません。ＳＮＳやブログの始め方、プロフィールづくりから、教室運営のノウハウまで、料理の仕事を本業または副業として、積極的に活動したい方に具体的なアドバイスやサポートを行います。

認定講師が育つことで、レッスンの仕事も分担することが可能に。わたしが講義を受け持ち、調理を別の方にお願いするなど「全部ひとりで」から抜け出すことができました。

わたしは組織のトップになりたかったわけじゃない

『Basic講座』はキャンセル待ち状態で『インストラクター養成講座』も順調。生徒さんが増えるに従って、社団法人などきちんとした組織にしたほうがいいのでは？　団体としてのルールをつくったほうがいいのでは？　そんな風に考えるようになりました。

そこで、自分のつくったレシピや商材の権利を守り、講座を修了した方たちと契約を結ぶことを提案しました。ですが、認定講師からは猛反発を受け、人間関係もぎくしゃくしてしまう結果になってしまいました。認定講師からしたら「後からそんなことを言うなんて」という気持ちになりますよね。でも、当時はきちんと組織にして、契約を結んだほうが〝認定講師を守れる〟

と信じての行動だったので、思わぬ反対の声にめちゃくちゃ落ち込みました。仕事を辞めようとさえ思いました。人生のトップ3に入るくらいつらかった出来事です。

今になって思うと「自分が一生懸命つくってきたものを渡したくない」「真似されたくない」という気持ちや恐れが少なからずあり、認定講師を縛ろうとしていたのかもしれません。順調だっただけに鼻が高くなっていました。そしてボキッとへし折られました。

このトラブルを通じ、気がついたのは「わたしは組織のトップになりたかったわけではない」ということ。発酵食を通じて心と体の変化が人生を変える、ワクワクした気持ちで毎日を生きることが、自分だけでなく、家族や周りの人にまで「幸せの循環」をつくるということを伝えたい。その気持ちを思い出しました。

規約づくりや契約の話はとりやめに。でも、それで本当によかったと思っています。現在は発酵をメインにした料理教室は全国各地にたくさんあります。たとえルールを決めたところで、キリがなかったでしょう。

0から1を助けるのがわたしの仕事。

1から2、2から3はそれぞれが考えアレンジすればいいこと。「学んだあとはみんな自由に」

そういうスタンスに切り替えたら、気持ちもラクになりました。

現在の『インストラクター養成講座』は、オンラインと対面のレッスンを組み合わせて行い、何度も見直し復習のできるレシピ動画教材も提供。修了後には『ふんわり糀家』で行っている各種レッスンを開催でき、学んだ内容を活かした「オリジナル料理レッスン」を行うこともできます。

受講料は66万円。少しお高く感じるかもしれませんが、自分が起業したときに知りたかったことをしっかりと押さえ、本気で学びたい人や本業、副業にしたいと考えている人が満足できる内容になっていると自信を持っています。

病気があったからこそ気づけた「立ち止まる」大切さ

『Basic講座』と『インストラクター養成講座』をつくったことは、わたしの起業家としての最初のターニングポイントです。

もともと、大学職員だった頃から仕事をすることが好きなワーカホリック体質。そして長女気質というのもあり、他人に頼るのが苦手な性格です。そして、なによりもワクワクした気持ちのほうが強く、フル回転の忙しい日々も楽しいと感じていました。

でも白血病を発症した自分の体のことを考えると無理はできません。今はなんとか乗り切っても、この先は？　ずっと同じことを何年も続けていられる？

答えはＮＯです。

薬を飲むことで日常生活を送ることはできていますが、いつ体調が悪くなるかはわかりません。白血病というブレーキがなかったら、それこそ倒れるまで、どこまでも突っ走っていたかもしれません。発酵食を伝えたいという思いはありましたが、人を育てようとは思わなかったでしょう。

起業を考える人には、かつてのわたしのようにがんばってしまう人が多いと思います。でも、自分ひとりでできることは、やはり限度があります。若く健康な方であっても体力と気力はいつまでも続くものではありません。

ときには立ち止まってみる。そして「このままでいいのか？」「これは自分の本当にやりたいことかどうか」を考えてみてください。『インストラクター養成講座』の契約に関するトラブルは、苦い経験でしたが、これも立ち止まるよいきっかけになりました。

立ち止まり軌道修正を重ねてこそ新しいアイディアや方法が生まれ、ワクワクした気持ちを持ち続けることができると思っています。

SNSは一気に始めず自分の主軸を決める

起業する人が身につけておきたいのがSNSのスキルです。

仕事の告知や自分の考えを伝えるのにとても有効ですが「いろいろな種類がありすぎてわからない」という人も多いかと思います。あれこれ全部に手を出して疲れてしまい、結局更新が滞ってしまう人も。

わたしは起業前からブログを始め、いろいろなSNSを試してきました。それぞれ性格に違いがあり、同じ内容の記事でもSNSによって反応が異なります。大事なのは自分との相性。自分が好きだと思える主軸のSNSを決め、それをベースに展開していくのがいいと思います。

わたしの今の主軸はnoteです。

文章がしっかりと書け、画像も載せられます。レシピだけではなく、日常の出来事、料理についての考え、教室のことなどなんでも書けます。そして何よりもnoteは、少し後ろ向きな内容であったり、弱音を吐き出しても受け入れられるやさしさがあり、そこがとても好きです。同じような考えの人や起業家やクリエイターとつながることができ、書籍の出版もｎｏｔｅがきっかけになりました。

はっきり言ってわたしのフォロワー数は多くはありません。主軸のｎｏｔｅのフォロワーは２０００人に届かず、Ｉｎｓｔａｇｒａｍも３０００人を少し超える程度です。でも、それらの方々は、ちゃんとファンになってくれるアクティブなフォロワー。レシピやエッセイを楽しみにしてくれて、イベントや書籍の出版を応援してくれるありがたい存在なのです。

自分の主軸となるＳＮＳを見つけるまでは時間がかかります。だから一気には始めないこと。反応を見て、合わないと思ったら潔く他のＳＮＳに主軸を変えてもいいと思います。

わたし自身、ＳＮＳとの付き合い方にすごく悩んだ時期があります。今はＹｏｕＴｕｂｅやＸ（旧Ｔｗｉｔｔｅｒ）も使っていますが、以前はどちらも自分にはハードルが高いと思っていました。ときには「でも、やらなきゃかな？」と思うものの、なかなか重い腰が上がりませんでした。でも、あるときふと「こんな内容だったら、ｎｏｔｅやインスタよりも、ＹｏｕＴｕｂｅやＸのほうが合いそう」とひらめいたのです。

〝やらなきゃ〟の意識から〝やってみたい〟にスイッチが入ったら、楽しく使えるようになりました。

ＳＮＳは「やってみたい」と思えるまでは、あれもこれもとむやみに広げない。

そして「続ける」ことも成功のための大事なスキルです。

受けるレシピは意外と地味でシンプル

〝インスタ映え〟という言葉がありますが、実際に受けるレシピは、意外と地味でシンプルだったりします。

今までｎｏｔｅで発表して反響があったレシピを挙げると、

・フードプロセッサーを使った「生姜焼きの素」
・あるものだけでつくる「じゃがいもカレー」

・素焼きしたピーマンにすだちを絞った「すだちピーマン」

といったものです。どれも簡単で、それこそ元気がない日、心がざわざわする日、時間がないときでもつくれるものばかり。

何が受けるかはＳＮＳの性格によっても違うと思いますが、弱音を吐いても受け入れてくれるｎｏｔｅには、地味だけれど滋味で、心がほっとするレシピが合うのだと思います。

本音を言うとお金をもらって料理教室で教えているので、ＳＮＳで〝無料でレシピを出す〟ことに、とても迷いがありました。

でも、実際にアップしてみると、本当に簡単で、パッとつくれるシンプルな料理に反響があり「これでいいんだ」という発見がありました。

そこからまた新しいレシピを考えることも。料理教室とは違う学びや楽しさがあり、わたしのレシピが誰かの暮らしに役に立っていることをうれしく思っています。

午前中の光を利用して撮影し自分らしさを印象づける

ＳＮＳでアップする画像やテキストに使っている画像は、ほとんど自分で撮影しています。料理写真のノウハウなど何も知らなかったので、カメラマンの方のワークショップに行ったり、本を買って勉強をしました。

わたしがこだわっているのは、

・自然光で撮影
・斜め上からの構図
・夫の手を入れる

キッチンのあるスペースには大きな窓があり、とくに午前中は光がきれいなので、その時間に撮影をすることが多いです。透明感のある明るくやわらかな光は、自分の料理の雰囲気に合っていると思っています。

斜め上からの構図は料理の立体感やテーブルセッティングの奥行きを感じさせることができます。料理によって真上から撮ったり、正面から撮ったりもあると思いますが、わたしの場合はＳＮＳに上げる写真は、ほぼ同じ構図で撮影します。その理由は、見ている人がひと目で「笠原なつみの料理」だとわかるように。スマホで記事をスクロールしていても、パッと目に入るように意識しています。

夫に協力してもらい、ときどき手で出演してもらっています。人の手が入ることで温かさや幸せな雰囲気を感じ、そんな気持ちで料理をつくってもらえたらと思っています。

撮影で使っているカメラはソニーのデジタル一眼『α７Ⅱ』という機種。２０１９年くらいから使っています。動画も撮影でき、ライブ配信のときは手もとの寄りをこのカメラで撮影しています。

動画やライブ配信の撮影も基本ひとりで全部行います。

カセットコンロを置いた作業台の前にライトを立て、カメラと全体を撮影するｉＰａｄの2台をセッティング。スイッチャーで映像を切り替えます。慣れてしまえばそんなに難しくはありません。

わたしが気をつけているのは、しゃべるスピードです。早口にならないように「メモをとれる」間をつくります。大学職員のとき、病気になるまでは学校説明会など、人前でしゃべることが多かったのですが、それがすごく役に立っていると思います。

動画配信をしたいけれどしゃべりが不安な方は、一度自分の声を録音してみるといいと思います。しゃべるスピードやクセがよくわかり改善ポイントが見えてきます。

アイディアは紙のノートに書いて頭を整理

パソコン、iPad、スマホ、カメラと、ひと通りデジタルツールを使っていますが、実はアナログ派でもあるんです。

レシピをはじめ、仕事のアイディアなどは、まず紙のノートやスケッチブックに手書きします。箇条書きだったり、表にしたり、ときにはイラストなども入れて、思いつくままに書いていくと、アイディアが広がっていき、自分のやりたいことが見えてきます。

後で見返すときも、一冊ずつにまとまっていると探すのがラク。昔のレシピを引っ張り出して参考にして、アレンジすることもあります。

何よりも自分の成長の証。「あのときこんなことで悩んでいた」「このレシピは好評だった」など、自分の文字を見ているだけでいろいろ思い出されます。それを見ていると「もっとがんばろう」「今度はこんな工夫をしてみよう」という次のステップへの原動力にもなります。

自分の「好き」なことがまだわからない方は、ぜひ〝自分ノート〟をつくってみてください。子どもの頃から自分がしてきたことや旅行で行った場所などを振り返り、書き出してみます。取った資格や受験など達成したこと、他人からほめられたことなど、自分が得意なこともどんどん書いていきます。

わたしだったら「料理のアイディアがある」のほかに、「メールの返信がマメ」「おいしいお店を探すのが得意」「人見知りしない」「サプライズが得意」……など。

そんなささいなことでいいのです。書き出してみると自分の歴史と得意のなかに「好き」のヒントが浮かんでくると思います。

「好き」は特別な才能ではなく、ちょっと他人より得意なこと。苦なくできて、続けられることです。それは今までの自分を振り返り、知ることから始まります。

自分のことってわかっているようでわかっていないもの。書くことで頭の中が整理でき、自分でも気がつかなかった、仕事にしたいと思える「好き」に出逢うことができると思います。

地方在住は不利？
実は地方だからできることも多い

第3章

土地を知り、人を知ってこそ広がるビジネスチャンス

住んでみて知る 高松の魅力とローカルの豊かさ

香川県は日本でいちばん小さい県です。

移住前は埼玉や東京という都市部に住んでいたこともあり「不便なのでは？」という思い込みがありました。でも、実際に住んでみると、小さいながら、いえ小さいからこそ、暮らしに必要なものがギュッと詰まった「なんでもある」場所だと気がつきました。

とくに、わたしが住んでいる高松市は企業の支社が多く集まる四国の中心地。スーパーマーケットに商店街、ショッピングモール、ハイブランドを扱う店もあり、生活にまったく不便を感じることはありません。チェーンの飲食店もありますが、独自の世界観を持った個人店も多く魅力を感じます。

港から船で行ける距離にある「直島《なおしま》」や「豊島《てしま》」には美術館があり、『瀬戸内国際芸術祭』のシーズンには、県外や海外からも多くの人が集まります。こんぴらさんや讃岐うどんも観光の大きな目玉。気候は温暖でおだやかな瀬戸内海の風景は、いつ見ても心が和みます。

今でも投薬と定期検診は欠かせないので、自宅からそう遠くない場所に、設備の整った病院があることも心強く思っています。

料理家として何よりもうれしいのは、鮮度の高い野菜や魚などの食材が、身近なスーパーマーケットで手に入ることです。

鮮度が高いうちに食べきりたいので、２〜３日以内に使い切れる量を買って料理して食べます。だから、わたしの家の冷蔵庫はすっきり。あまり買いおきやつくりおきをしません。そして、素材と向き合うことで気づいたのは「手をかけすぎないおいしさ」です。

香川に限らず四国は柑橘類が豊富。すだち、レモン、ゆず、だいだい、仏手柑《ぶっしゅかん》、青みかんなど、一年中、何かしらの柑橘類が採れるのです。受けるレシピでご紹介した「すだちピーマン」は、半割りにして種をつけたまま素焼きにしたピーマンに、すだちを絞るだけのメニュー。それだけなのにびっくりするくらいおいしいのです。

徳島の友人は、なんにでもすだちを絞ると言います。わたしはすだちといえば秋刀魚《さんま》に絞るくらいだったので驚きましたが、今では、焼き物、炒め物、酢の物、炊き込みごはんや、みそ汁にも絞っています。

これは柑橘類の値段が高い関東ではありえない豊かさです。

種類が豊富で、安く手に入るからこそ。我が家の庭にもレモンの木があり、使うときに摘んできます。柑橘類に限らず、その土地の新鮮な農作物や海産物、畜産品と、それらを用いた調理法や食習慣は、まだまだきっとあるはず。それはローカルならではの豊かさです。でも、このローカルの豊かさに気がついていない人は多いのではないでしょうか?

わたしにとって「料理」があたりまえすぎて、「得意」なことであり、「好き」だと気がつかなかったように。よく周りを見渡せば、自分にとってはあたりまえすぎることのなかに、他から見たら「うらやましい」と感じられる「豊かさ」や「魅力」はたくさんあります。

その気づきこそがチャンスへの扉。地方だからこその起業や仕事の可能性を広げることにつながっていくと思います。

想定よりも10歳以上年齢層が高めだった生徒さんたち

料理教室を始めた頃、自分がまだ20代と若いこともあり、来てくださる生徒さんは同世代を想定していました。でも、募集をかけてみると実際の生徒さんは、20代はほとんどおらず、30代後半から50代と年上の方ばかりで驚きました。料理のキャリアもそれなりにある世代です。

「わたしでいいのかな?」「こんな小娘でいいの?」と戸惑いました。

高松では、若いひとり暮らしの方は少なく、家族との同居が一般的なのです。結婚されていても二世代、三世代で同居という方も。

「自分のために料理をつくる」という習慣がないということに気がつきました。

わたしが最初に想定したペルソナ（ターゲット）はいなかったのです。

健康を意識した食事に興味を持っている人はいても、祖父母と同居しているような家庭では本格的な「マクロビオティック」までいってしまうと、あまり受けません。その家で食べてきた料理の歴史や好みが優先され、大きく変えることは難しいでしょう。

ただ、高松の人は食べるのが好きで新しいもの好き。

新しい飲食店ができるとすぐに話題になります。それと同じノリで、新しく料理教室ができれば「行ってみたい」と思う人は多いのです。

その当時は「発酵が体によい」と捉えはじめられてきた頃で、わたしの教室も感度の高い方たちの間で話題に。

ローカルはクチコミが強く、誰かが行ってよければ「楽しかった。よかったよ～」との声が上がり、次から次へと新しい生徒さんにつながっていきます。

うれしいことにレッスンのリピート率がすごく高く、次回の内容がまだ決まっていないのに、とりあえず予約していく方が多数。そうやって、教室の知名度が高まっていきました。

そして、その感度の高い方たちのネットワークで、ニューオープンのおいしいお店を教えてもらったり、連れていってもらったり。そんなおかげもあって、だんだんと高松の土地に溶け込んでいくこともできました。

対面なのかオンラインなのか、自分がどこで勝負をするのかで、集客方法は変わります。わたしのように教室で生徒さんに何かを教えたり、お店を開くことを考えている場合、地元に根づいた展開をするには、その土地に住む人の気質を知ることは重要だと思います。

50代以上の方だと「SNSが苦手」という人がかなりいます。起業するにあたり、SNSを活用したいけれど「頻繁に更新できない」という声もよく聞きます。そんな方で、もし地元密着で展開するならば、昔ながらの「チラシ」のほうがSNSよりも、集客効果があると思います。近隣のスーパーマーケットや飲食店、美容室などにチラシを置いてもらうほうが直接的で「行ってみよう」という気になります。気に入ってもらえれば、あとはクチコミ効果でどんどん広がっていきます。

わたしの場合は、地元向けにパンフレットやチラシなどの紙ものを用意し、県外向けにはSNSを活用。二刀流で同時に認知拡大を図りました。

東京でも教室を開催しブランドを確立する

もともと関東の人間なので高松だけでなく、早い段階でも関東圏で教室を開催することを考えていました。ブログのアクセス解析を見てみても、高松の次に東京や埼玉の方が見ているのがわかり「やってみよう」と行動する後押しになりました。

最初は埼玉の実家で開いたのですが、そのときはあまり人が集まらず……。でしたが、一年後には高松の教室ではすぐ予約が埋まり、メディアで「香川で話題の料理教室」として紹介され、全国でも知名度がアップ。東京で教室を開催しても満席になるようになりました。

東京で教室を開くと経費がそこそこかかります。『Basic講座』を３日間で学べる短期集中クラス。教室の会場となるスタジオを借り、準備やレッスンをひとりで全部行うのは難しいので、アシスタントさんも必要です。人件費、飛行機などの交通費に宿泊代、そして材料費もかかり、経費の総額は60万円ほど。赤字にはなりませんが、そこまで利益になりません。

でも、わたしはこのお金は「広告費」として割り切っていました。

東京の教室が評判になることで、『ふんわり糀家』のブランド力がアップ。相乗効果によって、教室の生徒さんがさらに増えることにつながっていったのです。

そして「海外でも教室を開く」という夢に近づく第一歩にもなりました。

どんなときも応援してくれる夫の存在

活動の範囲が広がると人間関係が広がっていきます。結婚して高松に移住したときは、ほとんど知り合いはいませんでしたが、今は料理教室の生徒さん、『インストラクター養成講座』から巣立った認定講師、SNSで知り合った方たちなど、多くの人がわたしの活動を支えてくれています。

でも、いちばんの味方で相談者となるのは夫です。

倉敷のゲストハウスで出逢ったときから、なんでも相談できました。

わたしはどちらかといえば大雑把な性格なので、自分にはない資質をたくさん持つ夫は、とても魅力的で尊敬できる存在。もともと、なんでもひとりでやってしまって、他人に弱音を吐くことが苦手だったのですが、夫には甘えることができます。わたしがいろいろ考えすぎて悩んでいても、相談するとすぐに解決することも多いんです。

なにより、わたしのタレント性を最初に見出してくれた人でした。

東京や海外など、外に出て活動することを快く応援してくれます。料理教室が評判になってメディアに出たり、書籍の出版が決まったときも「こうなるとわかっていたよ」と言ってくれ、「どんどん活躍して稼いでくれ」とハッパをかけてくれます。

お互いの世界、生き方を尊重するのが、わたしたち夫婦のモットー。仲はとってもいいのですが、それぞれのやりたいことを応援し、見守るスタンスです。

起きる時間や寝る時間は、お互いの生活リズムに合わせていますが、昼食と夕食は、なるべくふたりでとるようにしています。ゆっくりと時間をかけて、いろいろな話をする大切なコミュニケーションタイム。ほっとリラックスできるひとときでもあり、大事にしていきたいと思っています。

そして、夫はレシピの試食係でもあります。味の感想をいちばん最初に聞きたい人です。自分ひとりだと、考えすぎて煮詰まってしまうことがあり、そんなときも、客観的な意見がとても参考になります。

もともと健康志向が高く、手づくりの甘酒はわたしよりも気に入っていて、毎日飲んでいます。ただ11歳年上ですから、一日でも長く一緒にいられるように、夫が長生きできる健康的なごはんをつくっていきたいと思っています。

アドバイスは受け取っても自分を見失わないこと

仕事をしていて、相談できる相手やアドバイスをくれる存在がいることは、とてもありがたいことです。ただ、全部を聞いていると、かえって自分のやりたいことがブレてしまうことがあります。わたし自身、右から左に受け流せず、言われたことを「全部やらなきゃ」と思ってしまうタイプでした。

大事なのは、自分にとってのゴール設定をきちんと決めること。

仕事の意味は、その人によって異なります。例えば、お金を稼ぐことなのか、生きがいなのか。そこから具体的なビジョンが見えてきます。設定したゴール、ビジョンに対し、他人からのアドバイスが参考になりそうなら、取り入れていくのがいいでしょう。

ＳＮＳのスタンスも同じです。フォロワーを増やしたいだけのテクニックでは、本当に伝えたい人につながらず、埋もれてしまうことも。

主体はあくまでも自分。自分を見失わない、らしくないことをしない。他人が「そこまでしなくても……」ということでも、自分が必要と思うならやってみる。時間とエネルギー、そしてお金を使ったとしても、決して無駄にはならないと思います。

わたしの場合は夫がよい相談相手となりましたが、周囲にそういう方がいない場合もありますよね。そんなときは、自治体の起業相談窓口を利用するのがよいと思います。無料もしくは安い料金で相談ができます。利害関係のない客観的な視点によって、ゴールまでの道筋が見えてくることがあると思います。

がんばりすぎてしまうからこそ〝休む〟ことを意識

以前は睡眠時間以外、ほぼ仕事をしているか、仕事のことを考えているようなワーカホリックでしたが、今は一日の時間配分を考え、休むことを意識的に取り入れています。

朝は夏なら5時、冬には6時半に起床し、身支度や家事を済ませてから仕事をスタート。夫は朝食を食べないので、8時くらいにトーストとスクランブルエッグ、オーツラテなどの朝食をひとりでとります。撮影や執筆などの仕事もひと通り、午前中に済ませてしまいます。わたしの場合、午前中の時間がいちばん集中力があるのです。

11時半くらいに夫とふたりで昼食。午後は調べものをしたり、原稿のチェック、打合せなどを行います。

そして、集中力が切れてくる16時くらいにおやつタイム。わたしは乳製品アレルギーがあるため、市販のおやつの9割がNG。食べられません。そこでそうめんを1把茹《わ》でておやつにしています。香川はうどんが有名ですがそうめんもおいしく、1把が60gほどで小腹を満たすのにちょうどいい量なのです。ねぎやごまなどの薬味のほか、たんぱく質補給に卵やちくわを一緒に食べることが多いです。

夕食は19時すぎから。食事のあとは、基本的に仕事をしません。

そしてだいたい22時には就寝。それが、今のわたしの一日のタイムスケジュールです。

息抜きには、散歩や自転車に乗って緑のある場所やお寺に出かけたり、瀬戸内海の風景を見にドライブにも行きます。そういうときは、評判のよいヘルシーなお弁当を買い、景色を眺めながら食べます。料理が好きですし、どうしても家ごはんが多くなるので、外出したときは、あえて興味のある店で外食をしたり、お弁当、お惣菜を買って市場調査をしています。

ただ、食べ過ぎには気をつけています。食べることが好きですが、もともと一度に量を食べられず、食べ過ぎると体調に影響。胃腸が悪くなるとすべてにガタがきます。

また、ストレッチポールに乗って体をほぐすことを毎日の習慣に。月に2、3回はマッサージにも行って、コリや疲れを溜めないように心がけています。

その土地に住んでいる人に会うことが旅の楽しみ

もうひとつ、わたしのリフレッシュに欠かせないのが「旅」をすることです。

昔から知らない土地、国に行きたい願望があり、中学生のときにオーストラリアのブリスベン、大学生ではアメリカのミネソタでホームステイを経験。23歳のときはエアーズロックを見たくて、オーストラリアにひとり旅をしています。他にもグアム、韓国、台湾、タイ、トルコ、イタリア……と定番どころには、ほとんど行っています。チャンスがあれば留学やワーキングホリデーもしてみたいと思っていました。

わたしが求めている旅のスタイルは「旅行以上で移住未満」。できるならば1か月ほどの滞在が理想です。見たことのない景色を見て、いろいろな人に会い、視野を広げたい。現地のスーパーに通って食材を買って料理をし、暮らすような時間を味わいたい。そして、ときどき仕事もできたら。そんな日常と非日常の間の時間を過ごしたいと思っています。

旅も3週間を超えてくると、その土地に慣れ「勉強」か「仕事」がないと、時間を持て余し気味に。新しく見る風景や習慣など、膨大な情報がインプットされますが、これをアウトプットしたくなるのです。SNSで発信することもアウトプットのひとつですが、仕事や勉強を通し、人との関わりや価値を生み出す作業をすることで、バランスをとりたくなるのです。

２０１８年にはイタリア・フィレンツェに料理を習いに行き、２０１９年はイギリスでレッスンを開催しました。純粋なバカンスも楽しいですが、これからも、いろいろな国でたくさんのインプットとアウトプットの体験をしてみたいと思っています。

そして、旅の醍醐味はその土地に住んでいる人に会うことです。

国内外問わず「この人、とってもおもしろそう！　ステキな生き方をしているなぁ」と思う人に会いにいくのが大好き。これまでも、人との出逢いが人生を大きく変えてくれました。シェアハウス、夫との出逢い、徳島のゲストハウスでの料理修業、料理教室の生徒さん、『インストラクター養成講座』から巣立っていった認定講師の仲間たち、同じような志を持ったＳＮＳで知り合った方たち。彼らの自分にはない視点や概念を発見できることが楽しくて仕方がないのです。

現地に知り合いがいなければ？　わたしの場合はつくってしまいます。

紹介やＳＮＳで探してもいいですし、現地の学校の短期コースに申し込むなど、その方法はいろいろあると思います。

そもそもの性格が、常に行動していたい（動いていたい）タイプ。行動を制限されたり、ルーティーンやノルマを課せられるのが苦手だとわかってきました。

ただ、料理という仕事上、どこかに固定の場所は必要です。だから、香川・高松というベースを持ちつつ、これからも、いろいろな場所へポンポンと飛び立っていきたいです。

売り上げ目標達成！
順風満帆だけれど、その先は？

第4章

ロンドンでのみそづくりで新しい世界が広がる

起業2年で年収1200万円超えを達成！

2015年に結婚して香川・高松に移住。2016年に起業し、めまぐるしく過ぎていった2017年、そして2018年。起業最初の年の年収は約120万円だったのですが、その頃に年収が1200万円を超えました。一気に10倍です。

講座の設計と価格設定を見直したことが功を奏し、起業するときに目標にした「同世代のサラリーマンの年収を超える」を早々とクリアできました。自分でもがんばったと思います。

でも、忙しく日々が過ぎていくある日、駅のホームで電車を待っているときに、この先のことを考えていました。そして「さらに年収を上げていくためには、2倍、3倍働かなきゃいけない……」と気がついたのです。

やり出すと止まらない性格。気持ちだけで突っ走っても、体は絶対についていかないでしょう。この日から、わたしのなかで再びブレーキがかかりました。

お金を稼ぐことが、わたしの幸せなのだろうか？　そんなことを考えるようになりました。

起業をするときは、自分の武器は「若さ」しかないと思っていました。だから、ただがむしゃらに走り続けてきました。講座の設計や価格の設計を見直したことで一度立ち止まりましたが、それがうまく行ったことでまた走り続けていました。30歳を迎えるとブレーキを踏む大切さが身に沁みてわかってきます。一般的には30～40代は働き盛りかもしれませんが、わたしの場合は病気のことがあり、がんばりすぎる自分をセーブすることができたように思います。

高松に住むようになり、病院での検診の回数が減り、数値が安定してきていました。ここで体の声を無視して、体調をくずしてしまったら、元も子もありません。健康でなければ仕事はできません。目標年収は達成したけれど、人生はまだまだ続きます。ここで自分のゴールが「お金」ではないと気づきました。

そうして、単に仕事のシステムや方法を変えるのではなく、自分にとっての「仕事」と「幸せ」そのものについて考えるようになったのです。

イタリア・フィレンツェで1か月家庭料理を学ぶ

わたしにとっての「仕事」は「お金」ではない。

その気づきが心を外へと向かわせていきました。

2018年の6月。わたしはイタリア・フィレンツェに旅立ちました。

1か月、イタリアの料理学校で家庭料理を学ぶプチ留学です。

料理を仕事にするうえで調理や栄養について、大学や専門学校等の教育機関で学んでいないことは、どこか負い目もあり、教室を開いてからも、いろいろな知識や技術を身につけたいと思っていました。

そんなある日、ネットサーフィンをしていると【日本語通訳付き・イタリア家庭料理を学ぶ短期留学】という文字が飛び込んできたのです。見た瞬間に「これだ!」と直感。クリックして詳細を読んでみると、まさにわたしにとってパーフェクトな内容でした。

通訳付きなだけではなく、フラット(アパート)付き。シェフ養成ではなく、家庭料理を学べる。レッスンは1週間単位で申し込める。

夫に相談する前に、すでに心のなかで「絶対に行く!」と決めていました。

フラットには料理学校に通う人だけでなく、アートを学ぶ人もいて、出身地や職業、年齢もさまざま。レッスン以外でも、スーパーマーケットや食材店で材料を買って料理をつくったり、おいしいレストランやカフェに行ったり、少し足を延ばしてスペインやスイスへ小旅行にも行きました。学びながらリフレッシュもでき、充実した1か月を過ごしました。

イタリアの家庭料理はシンプル。素材が新鮮なので、味付けが塩、にんにく、トマト、オリーブオイルだけという料理が多く、必要以上に手をかけません。

もっと言ってしまうと「このくらいテキトーでもいいんだ」という感じ。イタリアでの時間を通して、素材を活かすための「引き算」の料理を学びました。

海外で学ぶ楽しさ、充実感を体験したことで「海外で教えることができたらいいな」という気持ちが、現実的な次の目標となっていきました。

突然舞い込んだロンドンレッスンのお誘い

イタリアでのレッスンのあと、フランスを巡り、7月の半ばに帰国。9月に東京の表参道で教室を開いたときのことです。会場のオーナーの方に「イギリスのロンドンでレッスンをやりませんか？　ご興味があれば現地の方を紹介しますよ」と言われたのです。突然のお誘いでしたが、迷うことなく「ぜひ、やりたいです」と即答しました。

「海外でも教室をしたい」と思っていたけれど、なんのツテもコネもなかったところに、降ってきた思いがけない幸運。自信なんてなかったけれど、このチャンスを逃したくないと勢いで返事をしていました。

紹介していただいたのは、ロンドンでテーブルコーディネートのサロンを開く、現地在住の日本人女性。彼女のサロンをお借りして、現地の日本人の方に向けての発酵食のレッスンを行います。ロンドンの気候を考慮し季節を選び、1年後の9月に開催日を決定。その日に向けて準備をスタートしました。

彼女に最初に言われたのは「ロンドンでのカルチャー系の講座は、集客がかなり厳しいです。日本で有名な方でも、なかなか人が集まらず、そして価格にもシビアです」ということ。新しいチャレンジにワクワクしていた気持ちに、不安がよぎります。

「誰も来なかったらどうしよう」「わたしの素朴な料理でいいのだろうか？　日本のトレンドを紹介したほうが喜ばれる？」「もし酷評されたら」……そんな言葉が頭に浮かんできます。そのたびに「1人でも来てくれたらＯＫ！」「トレンドを追うよりも、これまでつくったレシピで絶対間違いないものでいこう。それで批判されるなら潔く受け入れられる」「日本の教室では好評だし、同じ日本人に酷評されることってある？　絶対ないでしょ！」と、ひとつひとつネガティブな気持ちを打ち消していきました。

2週間でできる「みそづくり」をレッスンのメインに

自問自答をくり返し決定したのが『ふんわり糀家』のレッスンのなかでも、特に人気の高い【2週間でできるみそ】を手づくりする内容。そして、みそを使ったレシピを3品紹介し、調理して食べるところまで行います。日本での教室と同様に、発酵調味料についての講義もプラス。「なぜ手づくりのみそがいいの？」「みその味を構成する材料の選び方と分量による違い」などを理解してもらうことで、手づくりすることがより楽しくなると考えました。

「みそ」は日本の味そのもの。海外在住の日本人の食卓においても欠かせないもののひとつです。でも、やはり現地では、種類が少なかったり、値段が高かったり。そのため、手づくりをしたことがあるという方も少なくないと聞きました。

一般的なみそづくりは、漬物樽などを使用して1年間ほど熟成させますが、わたしのつくるみそは2週間でできる短期熟成の「白みそ」。

　みその種類は熟成期間で変わります。仕込み後2週間から6か月程度のものが「白みそ」。さらに熟成するとみその色が、だんだん赤みを帯び濃くなり、1年以上熟成させたものが「赤みそ」となります。原料は大豆、米麹、自然塩のみ。ビニール素材のジッパーバッグを使い、そのまま冷蔵庫で保存できるので、置く場所にも困りません。

　これなら、ロンドンの方に興味をもってもらえる。「できそう」「続けたい」と思ってもらえるのではないかと考えました。とくにロンドンは1日の間でも天気が変わり、雨が多い地域。でも、ジッパーバッグのLサイズなら短期間に使い切る量です。みそづくりにおいて、いちばんの失敗の原因となるカビ発生の心配が少なくて済みます。

　みそを使ったレシピは、ドライカレー、ミネストローネ、みそドレッシングを使ったサラダを紹介。「みそ汁」をはじめ和のイメージが強いみそが、洋風にもアレンジでき、幅広いメニューに活用できることを伝えたかったのです(みそのつくり方、アレンジレシピは、P12〜15を参照)。

　サロンオーナーの方に協力していただくほか、現地の方がよく利用するネット掲示板で2か月前から告知。レッスン情報を掲載するにあたり、自分が〝無名〟の存在であることを意識しました。「教室のコンセプト」「他の教室との違い」「自身のプロフィールやバックグラウンド」「メディア等の実績」を書き、そして「きれいな画像」を入れ込んで、Ｉｎｓｔａｇｒａｍのリンクを貼り、興味を持ってもらえるようにしました。

出せる駒は全力で投入した、そんな告知文でした。

その甲斐もあったのか、初日から申し込みが1日1件のペースで入ってきました。最初は2日間の開催予定でしたが、１日各８名の定員はすぐに埋まり、急遽1日追加。参加料は材料費込みで１人65ポンド（２０１８年当時のレートで約９０００円）と、日本でのレッスン料金より安めに設定しました。２０１８年の９月16日、18日、19日の３日間がすべて満席になり、サロンに入れるギリギリの人数まで増員し、計30名の方がレッスンに参加することに。

「１人でも来てくれればいい」と思って、満席になることなどまったく期待していませんでしたが、この段階で本当に気がラクになりました。

「料理を通して生き方を伝える」という使命を持ちロンドンへ！

ロンドンへの出発前は、教室に加えトークショーで大忙しの日々でした。自分にとっての「仕事」が「お金」じゃないと気づき、「自分の生き方」を伝えたいという思いが強くなり、その足掛かりのひとつとして始めたことです。

6月に高松、7月に東京、8月に兵庫で開催。白血病発症からの起業までの歩み、発酵食についてなど、2時間語らせていただきました。参加してくれた方から寄せられた「自分もキラキラ、ワクワクときめきたい」「人生に起きることに無駄はないんですね」「なつみ先生のように、今がいちばん幸せ！　って言えるようにがんばりたい」という声が、とてもうれしく、わたし自身がとても励まされました。そして回を重ねるごとに意識が大きく変化。「料理を通して生き方を伝える」ことは、自分の使命だとはっきりわかったのです。

2019年9月3日、そんな熱い気持ちを抱え、いよいよロンドンへ出発しました。

「どんな場所なのか」「いくらで借りられるのか」「何人くらいのレッスンなのか」「何を伝えるのか」「人が集まるのか……」。お話をいただいた1年前には、本当に何も決まっていませんでしたが、その段階から教室やブログ、SNSで「ロンドンに行ってレッスンします」と宣言をしていました。

自分の心の内だけではなく、周囲に伝えることで未来を共有してもらっていたのです。

この夢の実現は、わたしひとりで成し遂げたものではありません。わたしの未来を信じ、応援してくれたひとりひとりのおかげです。

不安はたくさんあっても夢は言葉に。そして、自分ができることを考え進んでいく。その先には、思い描いた未来があります。

大豆と塩をキャリーバッグに詰め、麹は現地調達

12時間のフライトを経て着いたロンドンの地。これは1年間ずっと思い描いた未来です。今、まさにそこに立っている！　その喜びに胸がいっぱいになりました。

レッスン日までは、会場の下見や打ち合わせ、現地のスーパーマーケットや食材店のリサーチなど少し余裕を持ってのぞみました。東京でのレッスン同様に、日本から1名アシスタントさんが同行。ひとりの心細さもカバーしてもらいました。

みその材料となる大豆、自然塩は日本から持っていくことにしましたが、米麹はつくっている人がロンドンにいると聞き、購入させてもらうことに。

それは1回きりのイベントではなく「みそづくりを日常で続けてほしい」という思いもあって

のこと。みその要である米麹が身近に手に入れば、手づくりのハードルはグッと低くなります。大豆や自然塩はイギリスでも大きいスーパーマーケットや自然食品のお店なら、大抵売っています。日本でのレッスンでも、紹介するしょうゆ、みりん、お酢などの材料は、なるべくオンラインで、〝購入しやすい〟商品であることを心がけています。どの地域に住んでいても購入できることが、継続のポイント。続けてこそ、発酵食がもたらす心と体の変化を感じることができます。

ロンドンでは主に、Airbnb（エアビーアンドビー）で、キッチンのある家を借りて滞在していました。

レッスンの前日には大豆を水でもどしておき、鍋でやわらかく煮て準備。圧力鍋がないので3時間煮続けることに。最初はコンロの使い方がわからずかなり慌てました。キッチンだけでなく、トイレやバスルームなどの水回り、家電や家具の日本との使い勝手の違いに戸惑うことは多々。日本の便利さを痛感したりもしました。

海外では外食が続くと3日で飽きてしまいます。そして、なにより「体調をくずさないかどうか」の不安があります。そんなときも、みそ、しょうゆ麹、甘酒があるだけでホッとします。日本独自の発酵食文化を伝える仕事をしていることを、あらためて誇らしく思ったりしました。

参加者の「おいしい！」の声とキラキラした目に感無量

そうして迎えた2019年9月16日。夢に見たロンドンレッスンの初日です。

参加者は30〜40代が中心。永住されている方が6割で駐在されている方が4割。ロンドン郊外や他の地域からわざわざ参加してくださった方もいました。お話を伺うと多くの方が「みそづくり」経験者。イギリス以外の国での滞在経験がある方もいて、みそを身近で購入するのが難しく「自分でつくるしかなかった」という声も聞かれました。

でも、そんな「みそづくり体験済み」の方々にも、〝2週間でできる〟〝ジッパーバッグでつくる〟というのは、めずらしいらしく、大きく関心を持ってもらえました。

もちろん、初心者の方もいらっしゃるので、わかりやすい資料も用意。麹や塩の選び方、大豆の茹で方やつぶし具合、混ぜ終えるやわらかさの加減など、一緒に作業をしながらていねいに伝えていきました。

みそづくりが一段落したら、みそを使ったドライカレー、ミネストローネ、みそドレッシングのレシピをデモンストレーション。そして、美しくセッティングされたテーブルに器を並べ、いっしょに食事タイムです。このとき、告知はしていなかったのですが、デザートがわりにラズベリーの甘酒スムージーをお出しして、水筒でつくる甘酒の味見もしてもらいました。「これ、すごくおいしい！」と歓声が上るほど好評で「次回はぜひ甘酒のレッスンを受けたいです」という声をたくさんいただきました。

レッスン後に書いていただいたアンケートには、手軽に手づくりができることの驚きや、味への感想がぎっしり書かれていました。また講義のわかりやすさ、わたしの語り口にもたくさんのおほめの言葉をいただき、うれしさで胸がいっぱいになりました。

ほどほどの利益はテーブルクロスに変わる

2日目、3日目も大盛況のうちに終了。

レッスンの合間の9月17日には32歳の誕生日をロンドンで迎えました。盛大にプレゼントをもらうことはありませんでしたが、「めっちゃ幸せ！」と人生最高の達成感を味わっていました。25歳で白血病になったときには、想像もしなかった未来です。

その道のりで知ったのは「自分で自分を幸せにする」こと。まだ見ぬ世界を切り拓き、自分で設定した目標を達成できた喜びのほうが、誰かに幸せにしてもらうことよりも豊かな気持ちになれると、ロンドンで実感しました。

海外でのレッスンは、東京でのレッスン以上に、航空券、宿泊費、会場費、材料費などがかかり、お金の面での条件は決してよくありません。しかも日本より低い価格設定のレッスン料でないと、集客できない現実があります。

赤字にはなりませんでしたが「利益」を考えたらできません。実際にロンドンのレッスンで得たお金はステキなテーブルクロス代としてほぼ消えました！

正直に言って、精神的にも肉体的にも大変でした。それでも、現地でレッスンするからこその出逢える人の縁や、さまざまな気づきがありました。海外レッスンは場所を貸してくださる方、準備など手伝ってくれる現地の信頼できるサポーターがいてはじめて成り立ちます。そして、応援してくれる生徒さんやＳＮＳでつながっている人たち、友人、夫をはじめ家族への感謝の気持ちも高まりました。

その経験にはお金ではない価値がありました。

ロンドンのみなさんには「来年もぜひ！」という声をいただき、海外で仕事をする思いはますます強くなりました。帰国後もFacebook等でつながり、みその熟成経過をサポート。残念ながらカビが発生して失敗してしまった方もいたのですが、ほとんどの方が成功し、日々の食卓に活用していると報告をいただきました。

世界に広めたい！「好き」を仕事に生きる幸せ

日本でも、海外でも、自分の「好き」を活かして仕事ができるのは、とても幸せなこと。この幸せをひとりでも多くの方に伝えられたら。その思いがロンドンでのレッスンを終えて、さらに固まっていきました。

強い思いは運命を引き寄せます。

台湾やフランスからもレッスンの話が持ち上がり、世界へのトビラがどんどん開いていきました。台湾でのレッスンは、料理家の友人からのお誘い。現地の方向けと在住の日本人の方向けとのことで、どんな内容にしようかとワクワクした気持ちが止まりません。

ただ、残念ながらその後の新型コロナ感染症の世界的流行で、計画は途中でストップ。そこに驚異的な円安傾向も重なり、一度見直すことになりました。

ロンドンでのレッスンが2019年の9月だったので、ちょっとタイミングがずれていたら、レッスンを行うことはできませんでした。そう思うと無事に開催できたことは、とっても幸運だったと思います。


計画は見直しても夢をあきらめる気持ちはありません。そう遠くないうちに海外での展開を再開させようと考えています。

『インストラクター養成講座』を巣立った『ふんわり糀家』の認定講師が、日本各地で活躍しているように、海外でのレッスンを受けた人の中で「『ふんわり糀家』の認定講師になりたい」という方が出てくる日を信じています。

自分の心と体に向き合い
先へと進んで行く

第5章

幸せの循環をつくる
わたしの働き方未来図

新型コロナウイルスの流行を機にオンラインを導入

２０１９年の終わりから、瞬く間に全世界に広まっていった新型コロナウイルス感染症。香川県では、２０２０年4月に独自の緊急事態宣言がなされ、一気に自粛ムードが高まりました。『ふんわり糀家』でも対面の教室はクローズに。県外からも多くの生徒さんが来ていたので、感染リスクを考えるとやむを得ません。

ただ、コロナ禍になる前に、実はオンライン化の準備を進めていました。まさに県外の生徒さんが多いことや、海外からも受講できるようにと考えてのことでしたが、対面のレッスンを取りやめた段階で、すでに動画で学べる3万円のオンライン講座を構築していたのです。

対面のレッスンがまったくできないのはかなりの痛手でしたが、自粛、休業になってからのスタートではないので、スムーズにオンラインに移行できました。直接、顔を合わせることはできなくても、Ｚｏｏｍを使って、ディスプレイの画面越しに生徒さんや講師仲間の元気な姿を確認。不安な時期だったからこそ、誰かとつながる心強さや、交わす言葉の温かさを感じることができました。

リモートワークが推奨され、おうち時間が増えたことで、新規のオンライン講座に１００名近くの方が参加してくれたので、準備をしておいてよかったと思いました。

ワクワクと不安はいつもセット。

それは、いろいろなチャレンジをしてきた、わたしの実感からの言葉。何か新しいことをしようとするとき、不安はどうしてもついてきます。

でも、今は〝不安こそ最大の発見ツール〟だと思えるようになりました。コロナ禍という大きな不安のなかにいましたが「オンラインでこんなイベントができないか？」「○○さんに声をかけたらどうだろうか？」といった、さまざまなワクワクするアイディアが浮かび、それを形にするためには何が必要かなど、具体的な計画や方法を探り、前へと進んで行くことができました。

そうして、２０２０年のゴールデンウイークには『ふんわりフェス』と称して、さまざまなオンライン講座に自由に参加できるイベントを開催。各方面で活躍される方に講師として参加していただき、発酵食についてだけではなく、健康や子育て、環境、生き方など、幅広いテーマの講座をお届けしました。

オンラインの講座を実際に行ってみると、近くに認定講師の教室がないという方だけではなく「仕事の休みが不規則で決まった曜日に受講できない」「子どもが小さいから教室に行くのは無理」「夜9時以降ならレッスンが受けられるのだけど」「料理が苦手だから他の受講生に見られたくない」といった方からの需要があることがわかりました。

行動してこそ気がつくことは少なくありません。手探りでも、まず行動することで、次に進むべき道が見えてきます。

新型コロナウイルスの感染流行は世界的に大きな転換点でした。

リモートワークやオンライン化の波が進み、この機に自分の働き方、生き方を見つめ直した人も少なくないでしょう。起業や副業を始める人が増え、地方移住のハードルがグッと低くなったと思います。『ふんわり糀家』の認定講師を希望する方との縁も、全国、そして海外へと大きく広がりました。

夫婦の食物アレルギーを強みに変える

その頃、もうひとつのピンチがありました。

30歳を過ぎて遅延性の乳製品（牛肉も含む）アレルギーになってしまったのです。

イタリアでの短期留学中に、おいしいチーズやバター、クリームなど乳製品を食べ過ぎたことが原因では？　と思っているのですが、もともと乳製品が大好きだっただけにショックもひとしお。大好きなカフェラテ、チーズケーキ、クリームパスタも、しばらくは食べられない、もしかして一生食べられない？　と思うと悲しくなりました。

それ以上に、料理を仕事にしているのに乳製品アレルギーがあることは死活問題です。レシピの試作で味見することもできません。

さらに、わたしを追うように夫の小麦アレルギーも発覚。でもピンチはチャンスに変えることができます。

食物アレルギーを通して、また違う世界が見えてきました。

例えば、牛乳の代わりの豆乳やオーツミルク、小麦粉の代わりに米粉を使ったパスタやパンなど、おいしい代用品の選択肢があります。そして「乳製品や牛肉、小麦を使わず、いかにおいしい料理を家にあるものを中心に手軽につくるか」という提案を、〝自分ごと〟として真剣に向き合うことができたのです。

普段、レシピづくりをするときは先に味のイメージがあるのですが、アレルギーで使えない材料の代用を探しいろいろ試しているうちに、イメージ以上の「新しい味」にたどり着くことがあります。それは、料理家としての何よりの喜び。そうして食物アレルギーも、自分の強みと考えられるようになってきました。

白血病になって気がついたことが多かったように、食物アレルギーになったことで、同じように悩んでいる誰かを助けたいと思うようになりました。

台湾での新型コロナウイルス感染を経験して考えたこと

さらなるピンチは2023年の春に起きました。

台湾で新型コロナウイルスに感染してしまったのです。着いて3日目に感染し、そのまま現地の病院に入院。38～39℃の熱が続き肺炎を発症。首が締めつけられるような息苦しさで薬を飲むのがやっとで、ほとんど何も食べられません。耐えるしかないのですが、言葉もあまり通じない異国の地での入院は、本当に不安でたまりませんでした。それでも8日後に退院。落ち着いてから帰国しましたが、浮腫《むくみ》がひどく、歩けない状態が続き、そして何よりも味覚がおかしくなってしまい、なかなか戻りませんでした。

人生で初めて「食べたくない」という気持ちに。そして、このままでは「料理の仕事が続けられない」とまで思い詰めました。

幸いなことに、ゆっくりですが快復に向かい味覚も元通りになりましたが、心細く不安な日々で考えたのは「わたしには料理しかない」ということ。そして、健康であることのありがたみを心から嚙みしめました。

「食べたい」という気持ちはとても尊くて、食べたいものをつくれるのは「家」という世界一安らげる場所に暮らしているから。そして、食べたものを受け止めるこの体があってこそ。そのすべてが奇跡であり、奇跡の連続のなかで生かされているのだと気づかされました。

健康に生活していると見過ごしてしまう、あたりまえのことだけれど、それは決してあたりまえではないと、しみじみ教えてもらった体験でした。

ペルソナは悩みもがいていたかつての〝自分〟

『ふんわり糀家』の教室やわたしのトークショーに来てくださる方は、病気やアレルギーで悩んでいる人が少なくありません。病名はついていなくても、なんらかの体の不調や肌トラブルなどを抱えていたり、将来の不安や現状を変えたいと思う人がたくさんいます。それらの悩みはすべて、わたし自身の悩みであったことです。

自分のやりたいことは「お金を稼ぐ」ことじゃない。そう気がついてから、模索してきた自分にとっての仕事と幸せの在り方。今は、かつての自分のように悩んでいる人に「料理」をツールとして、わたしの生き方を見せることが「仕事」であると思っています。

想定するターゲット、伝えたい相手であるペルソナはかつての自分。過去の自分が欲しかったものをつくり、知りたかったことを伝えていきたいのです。発酵食を中心に、食事を正しく整えることで、わたしの心と体が安定していったように、さまざまな悩みを持つ方たちに「食から得られる幸せ」を届けたい。

そして「自分の魅力・強み・才能を見つけたい」「共感し合える人とのつながりが欲しい」「夢や目標をかなえるための『習慣とマインド』を身につけたい」と思っている人の手助けをしたいと考えています。

わたしの生き方に共感・共鳴してくれる人とつくる幸せの循環

現在『インストラクター養成講座』からすでに50名以上が『ふんわり糀家』の認定講師として巣立ち、各地で活動をしています。その年月のなかで、わたしの「人を育てる」ことについての考えも変化していきました。

自分の知識や技術を伝え「料理の先生を育てる」ことがしたいのではありません。自分の好きなこと（料理）を柱に、自分の弱みを強みに変えて、人生を輝かせて誰かの希望になれる人を育てたい。

それぞれの人がダイヤモンドの原石をすでに持っています。でも、自分では気づいていないだけ。輝かせ方がわからないだけ。わたしは、その原石をいっしょに掘り起こして、磨いて、輝かせるお手伝いをしていると思っています。悩みのなかにいた人がその輝きを手にしたとき、大きな喜びを感じます。

わたしの生き方や幸せを見て、自分を変えたいと思った人が、望む人生と幸せを手にして、また次の人につなげていく。そんな「幸せの循環」をつくり出していきたいのです。

日本全国にたくさんの料理教室があり、発酵食をテーマにした教室だって今は珍しくありません。だったら「人生」をテーマにした料理教室があってもいいのではないでしょうか。

『Basic講座』では、初回に【目標設定シート】を書いてもらっています。生徒さんそれぞれに講座を終えたあとや、さらに数か月後に、どんな自分になっていたいかを問う内容なのですが、ほとんどの方が終了後に、設定した目標の8割以上を達成します。

具体的な目標を決め、期限を決め、いっしょにがんばる仲間や励ましてくれる講師がいる。それが目標を達成するポイント。人生を変えることは決して難しいことではないのです。

自分の本を出版したいという夢をかなえる

教室、トークショーや講演などのイベント、オンライン配信、SNS……。いろいろな場所やツールを用いて、わたしの考え、生き方を伝えてきましたが「本」という媒体で発信したいという思いが強くありました。

もともとあまり読書習慣はなかったのですが「好きを仕事にしたい」と考え始めたときから、いろいろな本を読むようになりました。本に書かれた言葉がヒントになったり、誰かの紆余曲折の人生に共感したり、背中を押してもらうことがありました。

起業当初はビジネス本や自己啓発の本をよく読んでいましたが、その後小説やノンフィクション、インタビュー集などに広がっていきました。

「本」をつくりたい、出版したい。

わたしの伝えたい言葉の詰まった本を、誰かが手もとにおいて、読んでくれたら。考えるだけでとてもワクワクします。

ロンドンでのレッスン同様に、なんのツテもコネもないところからのスタートです。「ＳＮＳのフォロワー数も少ないし、わたしの本なんて誰が読んでくれるの？」そんな恐れや、迷いもたくさんありました。

でも、この夢を「いつか」で終わらせたくはありませんでした。出版したい人向けのスクールを受講。出版を手掛けた方にアドバイスをもらったり、夢をかなえた方の話を伺ったり、同じ夢を持つ方とＳＮＳでつながるなど、実現のための足がかりを探っていきました。

そうして縁が重なっていき、２０２４年１月に初のレシピ＆エッセイ本を出版。さらに「好き」を仕事にすることをテーマにした、この本を出すことになったのです。

心や体がしんどくて元気がないときでも簡単につくれるレシピ、自分の「好き」がまだ見つからない、どう「好き」を仕事にしたらいいのかわからない人に向けてのアドバイス、それらは、かつてわたしが「知りたかった」ことです。やはりペルソナは過去の自分。同じように苦しんでいる人、悩んでいる人に寄り添い、幸せな人生を手に入れる手助けになればと思っています。

計画の段階で「本を出版します」と宣言。形になるまでのさまざまな段階をSNSで発信してきました。その言葉で自分を鼓舞しただけでなく、たくさんの人から応援してもらい、夢が形になったと思っています。

ひとりでできることはほんのひと握りしかない

ひとりの力でできることなんてほんの少ししかない。これは、今までの試行錯誤の道程で実感したこと。出版の作業においても、編集者さんやカメラマンさん、デザイナーさんなど多くの人がかかわって1冊の本が出来上がります。

かつてのわたしは、なんでもひとりで抱え込んで、1から100まで全部自分でやらなくては、と思っていました。自分が「正しい」と他人にも考えを押しつけていたと思います。年齢を重ね、いろいろな経験を経て、力を入れずに生きることを知りました。周りに助けてもらい、できないことまで、自分ひとりで背負わなくてもいいと思えてきました。

自分が苦手なことをするのは時間がかかります。わたしじゃなくて、それが得意な誰かがいるのならおまかせして、得意なことをやっていこう！　というスタンスに。

人それぞれに得意なことや好きなことは違い、さらに考え方やライフスタイルも違います。「正しさ」なんてどこにもなくて、みんなそれぞれが「正しい」のです。どんな仕事もひとりじゃ何もできないし、ひとりじゃさびしい。

そして、ひとりじゃあきらめてしまうことも簡単なのです。

人のつながりのなかで学び、勇気をもらい、励まされて、また一歩進もうと思える。今はそんなふうに自分が成長していくのが楽しいと感じます。

これからも、そんなふうに、もっといろいろな人と助け合っていきたい。そして、わたしができること、好きなこと、楽しいと思えることで、誰かの幸せのお手伝いをしていきたいのです。

誰かのお役に立っているようで、同時に自分が教えられていることが多いことにも気がつくのです。

まずはやってみよう、続けようの気持ちが道を拓く

これまで、自分が歩んできた道をたどりながら、そのとき感じたことを綴ってきました。

2016年にわたしが起業したときとは時代も変わりました。とくにコロナ禍を経て、リモートワークやオンライン化が進み、仕事をする環境が変化。発信するツールもいくつもあります。地方移住が増え、自治体のサポートシステムも充実してきています。今起業したなら、また違う展開になっていたと思います。

起業のハードルが低くなり「何かしたい」という人は増えましたが、その分「何をしたらいいのかわからない」という人も多いのではないかと思っています。

そんな方たちに、すべてゼロからスタートしたわたしの悩みや葛藤、そしてその都度選んできた道は、失敗も含め、参考になるのではないでしょうか。

スタートラインに立つ人には「まずはやってみるしかない」という言葉を贈ります。

全部準備が整ってから動くのでは遅く、小さく小さくできることから一歩踏み出してみることです。そのためにも「どう生きていきたいか?」を明確にすること。自分が「仕事」を通して伝えたいメッセージや世界観のビジョンを持つことです。

起業する理由は人それぞれです。お金が欲しい、今の仕事を辞めたい、家族との時間を増やしたい、そんな理由もあると思いますが、心の真ん中にビジョンがあって「やりたいからやっている」という思いがないと、絶対に続きません。そこをとり違えて始めても、のちのち苦しくなったり、目的を見失ったりしてしまいます。

小さな一歩でも踏み出したら続けること。「石の上にも三年」「損して得取れ」ということわざは本当だなと思っています。時間の無駄、そこまでしなくても……ということでも、自分が必要と思うならやるべきだし、エネルギーを使っていいと思います。でも、自分のやりたいことがブレてしまうと、他人の意見に惑わされ、お金や権力に流されてしまい、結局迷走して時間だけを浪費してしまうのです。

最初は誰もがゼロから。上手にできなくてもあたりまえです。悔しかったり、恥ずかしかったり、頭がグルグル、そういう感覚が普通です。でも、できないなりに続けていくと、あるときちょっとできたり、満足する回数が増えていきます。

「まずはやってみよう。続けよう」。その思いは、特別な才能やセンスよりも仕事を成功させるカギになると思っています。

年齢はあきらめる理由にはならない

続けることはもっとも重要ではあるけれど、いつまでも同じ自分ではないということも、頭に入れておいてください。月日とともに環境や家族との関係が変化し、体力的に同じように動けるわけではありません。自分の心も変化します。

こう書くと「もう40歳だから無理かな」「起業なんて若いからできる」と思ってしまう人もいるかもしれませんが、そうではありません。〝SNSよりもチラシが有効〟という話を書きましたが、やみくもになんでもやるのではなく、そのときの自分と自分が想定するペルソナに合った方法を、きちんと選択できることが大事なのです。

女性の場合は20~30代は結婚や出産などライフステージが大きく変わる年代。子育てが少し落ち着いて、少しお金と時間の余裕が生まれる40~50代のほうが、のびのびと起業ができるパターンもあると思います。そしてこの年代の方は甘え上手。自分ができないことは無理せず、上手に甘えて助けてもらう素直さがあるように感じます。ただし、甘えすぎてやってもらってあたりまえになってはダメ。応援してくれる人には感謝を忘れず、そして、自分が誰かを応援する人になってほしいと思います。

自分がワクワクすることと、楽しいと思えることと、人のお役に立てることとの接点を見つける。これが長続きの秘訣です。自分の楽しいだけでは続かないですが「誰か」への思いは仕事の原動力に。でも「誰か」のためが大きくなりすぎて、自分の楽しさがなくなっても、やはり続きません。そのバランスを大切にしてください。

自分らしさ、情熱を持っている人は輝いている

物も情報もありすぎるほどあふれている時代です。

そのなかで手にとってもらう、アクセスしてもらうとき、大きなフックとなるのが「情熱がある人、自分の売っているものやサービスに愛情を持っている人」であるかどうか。人柄への共感で選ばれる時代だと思っています。

きれいさよりも人間らしさ、体裁よりも情熱。それが共感を呼び、一過性でない継続的な関係につながっていくと思います。

わたしもそういう人から物を買いたい、サービスを受けたい。そして、そういう情熱を持ち続

ける人間でいたいと思っています。

情熱とは「好き」の気持ちがつくり出すエネルギーの塊。自分を信じ抜くパワーです。他者からの評価や結果があるから自信が持てると思いがちですが、わたしは逆だと思っています。「自分を信じ抜く勇気」を持ち行動し続けるからこそ、評価や結果がついてくるのです。

「料理」をツールにまだ見ぬ世界へ ―おわりにかえて―

わたしは心底「料理」が好きで、
「料理」に向き合っている時間が幸せで
「料理」で生きていきたいし、
「料理」を通して幸せの循環をつくりたい。

自分の「好き」に気がつき、見つけた「発酵食」。そして、そのすばらしさを伝えたいと「教室」を開き、講師を育ててきました。

「いつか」と思っていた海外でのレッスンや出版の夢もかなえました。でも、ここがゴールではありません。

香川・高松の『ふんわり糀家』を軸にしながら、日本全国、そして海外に、自分の言葉や思いを届けたい。「料理」をツールにして共鳴する人とつながり、まだ見ぬ世界を体験したいと願っています。

想像するだけでワクワクと不安の入り交じった気持ちがわいてきます。そして「わたしならできる」と心に誓うのです。

5年後、10年後の笠原なつみを楽しみにしてほしいです。

そして、ひとりでも多くの方が自分の「好き」に気がつき、幸せな人生を手に入れることができるよう願っています。その方たちとつながり、大きな「幸せの循環」を生み出せれば、それは、またわたしの幸せになります。

笠原《かさはら》なつみ
1987年埼玉県生まれ。立教大学卒業。埼玉県内の大学職員だった25歳のときに、白血病を患ったことをきっかけに料理で起業を決意。2016年より香川県高松市にて料理教室『ふんわり糀家』をスタート。のべ生徒数2000名、認定講師50名以上を輩出する人気料理教室に成長させる。日本にとどまらず海外でもレッスンを行う。

ふんわり糀家 公式HP：https://funwari-koujiya.net
note：https://note.com/natsumi_kasahara
Instagram：@ natsumi.kasahara
X（旧 Twitter）：@ natsumi_funwari

人生「リセット」から「スタート」した
「好き」を仕事にする生き方

2024年4月1日　第1刷発行

発行者　鈴木善行
発行所　株式会社オレンジページ
〒108-8357 東京都港区三田1-4-28 三田国際ビル
電話　03-3456-6672（ご意見ダイヤル）
03-3456-6676（販売 書店専用ダイヤル）
0120-580799（販売 読者注文ダイヤル）

印刷・製本　株式会社光邦

デザイン　嘉生健一
写真　安部まゆみ
編集協力　小林賢恵
編集担当　井上留美子

Printed in Japan
©ORANGE PAGE

・定価はカバーに表示してあります。
・本書の全部、または一部を無断で流用・転載・複写・複製することは著作権上の例外を除き、禁じられています。また、写真撮影・スキャン・キャプチャーなどにより、無断でネット上に公開したり、SNSやブログにアップすることは法律で禁止されています。
・万一、落丁・乱丁がございましたら、小社販売部あてにご連絡ください。送料小社負担でお取り替えいたします。